Bienvenidos a los Estados Unidos de América: Guía para inmigrantes nuevos

Edición revisada

U.S. Citizenship
and Immigration
Services

U.S. GOVERNMENT OFFICIAL EDITION NOTICE

AUTHENTICATED
U.S. GOVERNMENT
INFORMATION
GPO

For sale by the Superintendent of Documents, U.S. Government Printing Office
Internet: bookstore.gpo.gov   Phone: toll free (866) 512-1800;   DC area (202) 512-1800
Fax: (202) 512-2104 Mail: Stop IDCC, Washington, DC 20402-0001

ISBN 978-0-16-078734-8

Bienvenidos a los Estados Unidos de América: Guía para inmigrantes nuevos

Felicitaciones por haber establecido su residencia permanente en los Estados Unidos de América. En nombre del Presidente y del pueblo norteamericano, le damos una cordial bienvenida y le deseamos éxito.

Los Estados Unidos de América tiene una larga tradición de acoger a inmigrantes de todas partes del mundo y de valorar sus contribuciones. Los inmigrantes siguen enriqueciendo nuestra nación, y preservando su legado de libertad y de oportunidades para todos.

En su calidad de residente permanente, usted ha decidido adoptar esta nación como su patria. Mientras trata de lograr sus objetivos, tome el tiempo necesario para familiarizarse con el país, su historia y su gente. Ahora, usted tiene tanto el derecho como la responsabilidad de forjar el futuro de nuestro país y de asegurar la continuación de su éxito.

Al dar comienzo a su vida como residente de este gran país, descubrirá oportunidades emocionantes. ¡Le damos la bienvenida a los Estados Unidos de América!

U.S. Citizenship and Immigration Services
(Servicio de Ciudadanía e Inmigración
de los Estados Unidos)

CÓMO ESTABLECERSE EN LOS ESTADOS UNIDOS DE AMÉRICA

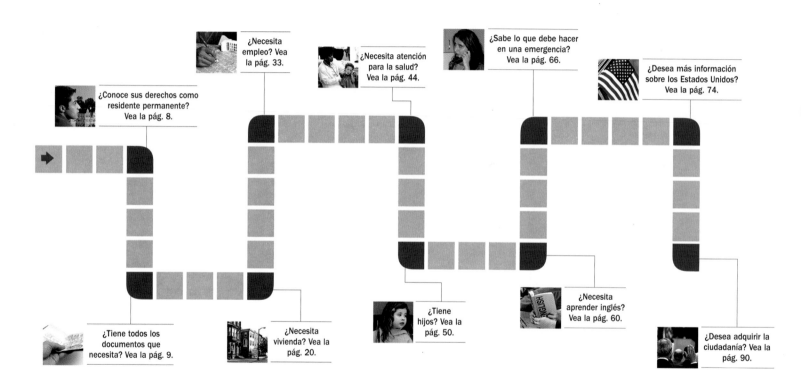

¿Conoce sus derechos como residente permanente? Vea la pág. 8.

¿Necesita empleo? Vea la pág. 33.

¿Necesita atención para la salud? Vea la pág. 44.

¿Sabe lo que debe hacer en una emergencia? Vea la pág. 66.

¿Desea más información sobre los Estados Unidos? Vea la pág. 74.

¿Tiene todos los documentos que necesita? Vea la pág. 9.

¿Necesita vivienda? Vea la pág. 20.

¿Tiene hijos? Vea la pág. 50.

¿Necesita aprender inglés? Vea la pág. 60.

¿Desea adquirir la ciudadanía? Vea la pág. 90.

TABLA DE MATERIAS

Bienvenidos a los Estados Unidos de América:
Guía para inmigrantes nuevos   i

    Departamentos y dependencias federales   v

    Para obtener más información   vi

Acerca de esta guía   1

    Dónde obtener ayuda   2

    Cómo participar en su comunidad   5

Sus derechos y responsabilidades como
residente permanente   7

    Sus derechos y responsabilidades   8

    Cómo mantener su residencia permanente . .   10

    Si es residente condicional   12

    Cómo obtener ayuda legal   14

    Consecuencias de actos criminales
    cometidos por residentes permanentes   17

Cómo establecerse en los
Estados Unidos de América   19

    Cómo encontrar vivienda   20

    Cómo obtener un número de Seguro Social . .   26

    Cómo administrar su dinero   29

    Cómo encontrar empleo   33

    Cómo pagar sus impuestos   38

    Cómo movilizarse dentro de
    los Estados Unidos   41

    Cómo recibir atención médica   44

    Otros programas federales de beneficios   47

La educación y el cuidado de los niños   49

    La educación   50

    Instituciones de educación superior   57

    La educación de adultos   59

    El aprendizaje del inglés   60

    El cuidado de los niños   62

Las emergencias y la seguridad 65

   Ayuda de urgencia: Llamadas al 911 66

   Cómo mantener la seguridad
   de su casa y de su familia 68

   El Sistema de Alerta de Seguridad Nacional
   contra atentados terroristas 71

Los Estados Unidos de América 73

   La función de los ciudadanos. 74

   Las etapas iniciales de la nación 75

   La creación de "una unión más perfecta" 78

   El funcionamiento del gobierno federal 81

   El poder legislativo: El Congreso 82

   El poder ejecutivo: El Presidente 85

   El poder judicial: La Corte Suprema
   de Justicia 86

   El gobierno estatal y el gobierno local 86

Cómo obtener la ciudadanía 89

   Razones para adquirir la ciudadanía 90

   El proceso de la naturalización 91

Los Estados Unidos de América
en la actualidad (mapa) 101

Los días feriados nacionales 102

Créditos fotográficos 102

En camino hacia el futuro 103

DEPARTAMENTOS Y DEPENDENCIAS FEDERALES

Si usted no sabe a qué departamento dirigir una pregunta, llame al 1-800-FED-INFO (o al 1-800-333-4636) para averiguar dónde debe llamar. Si tiene dificultades para oír, llame al 1-800-326-2996. También puede visitar el sitio en la web: http://www.USA.gov para obtener información general acerca de los departamentos y dependencias federales.

Department of Education (ED)
(Departamento de Educación)
U.S. Department of Education
400 Maryland Avenue SW
Washington, DC 20202
Teléfono: 1-800-872-5327
Si tiene dificultades para oír: 1-800-437-0833
http://www.ed.gov

Equal Employment Opportunity Commission (EEOC)
(Comisión de Igualdad de Oportunidades de Empleo)
U. S. Equal Employment Opportunity Commission
1801 L Street NW
Washington, DC 20507
Teléfono: 1-800-669-4000
Si tiene dificultades para oír: 1-800-669-6820
http://www.eeoc.gov

Department of Health and Human Services (HHS)
(Departamento de Salud y Servicios Humanos)
U.S. Department of Health and Human Services
200 Independence Avenue SW
Washington, DC 20201
Teléfono: 1-877-696-6775
http://www.hhs.gov

Department of Homeland Security (DHS)
(Departamento de Seguridad Nacional)
U.S. Department of Homeland Security
Washington, DC 20528
http://www.dhs.gov

U. S. Citizenship and Immigration Services (USCIS)
(Servicio de Ciudadanía e Inmigración de los EE. UU.)
Teléfono: 1-800-375-5283
Si tiene dificultades para oír: 1-800-767-1833
http://www.uscis.gov

U.S. Customs and Border Protection (CBP)
(Servicio de Aduanas y Protección de Fronteras)
Teléfono: 202-354-1000
http://www.cbp.gov

U. S. Immigration and Customs Enforcement (ICE)
(Servicio de Inmigración y de Fiscalización de Aduanas)
http://www.ice.gov

Department of Housing and Urban Development (HUD)
(Departamento de Vivienda y Desarrollo Urbano)
U.S. Department of Housing and Urban Development
451 7th Street SW
Washington, DC 20410
Teléfono: 202-708-1112
Si tiene dificultades para oír: 202-708-1455
http://www.hud.gov

Department of Justice (DOJ)
(Departamento de Justicia)
U.S. Department of Justice
950 Pennsylvania Avenue NW
Washington, DC 20530-0001
Teléfono: 202-514-2000
http://www.usdoj.gov

Internal Revenue Service (IRS)
(Servicio de Rentas Internas)
Teléfono: 1-800-829-1040
Si tiene dificultades para oír: 1-800-829-4059
http://www.irs.gov

Selective Service System (SSS)
(Sistema del Servicio Selectivo)
Registration Information Office
PO Box 94638
Palatine, IL 60094-4638
Teléfono: 847-688-6888
Si tiene dificultades para oír: 847-688-2567
http://www.sss.gov

Social Security Administration (SSA)
(Administración del Seguro Social)
Office of Public Inquiries
6401 Security Boulevard
Baltimore, MD 21235
Teléfono: 1-800-772-1213
Si tiene dificultades para oír: 1-800-325-0778
http://www.socialsecurity.gov, o bien,
http://www.segurosocial.gov/espanol/

Department of State (DOS)
(Departamento de Estado)
U.S. Department of State
2201 C Street NW
Washington, DC 20520
Teléfono: 202-647-4000
http://www.state.gov

PARA OBTENER MÁS INFORMACIÓN:

 Visite el sitio en la web del USCIS en la dirección http://www.uscis.gov. Visite también el siguiente sitio: http://www.welcometousa.gov, donde encontrará recursos para inmigrantes.

 Llame al Centro de Servicios al Cliente (*Customer Service*), al 1-800-375-5283. Si tiene dificultades para oír: 1-800-767-1833.

 Para obtener formularios del USCIS, llame al 1-800-870-3676 o búsquelos en el sitio en la web del USCIS.

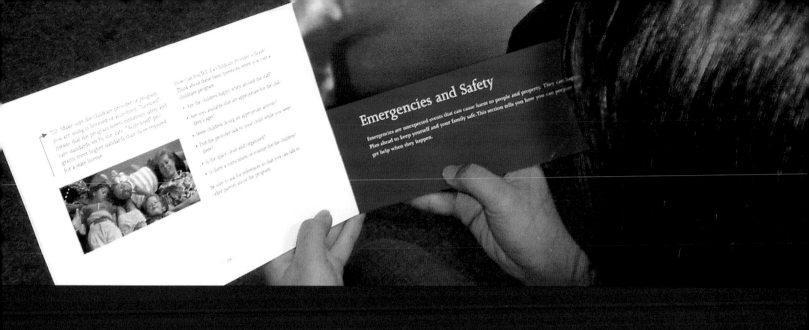

Acerca de esta guía

Su adaptación a una vida nueva en los Estados Unidos de América le tomará algún tiempo. Esta guía contiene información básica que le ayudará a establecerse en el país y encontrar lo que usted y su familia necesitan para su vida diaria. También resume información importante sobre su situación legal, y sobre las dependencias y organizaciones que ofrecen documentos o servicios esenciales que usted posiblemente necesitará.

Como residente permanente, le conviene comenzar por familiarizarse con el país, su gente y su sistema de gobierno. Use esta guía para enterarse de sus derechos y responsabilidades como inmigrante, para comprender la manera en que funciona nuestro gobierno a nivel federal, estatal y local, y para descubrir cómo algunos sucesos históricos importantes han influido en el desarrollo del país. Esta guía explica también la importancia de participar en la comunidad y le ofrece sugerencias prácticas para hacerlo.

Esta guía ofrece un resumen general de los derechos, responsabilidades y procedimientos que afectan a los residentes permanentes. Para obtener información más específica y detallada, consulte las leyes, normas, formularios y guías del Servicio de Ciudadanía e Inmigración de los Estados Unidos (*U.S. Citizenship and Immigration Services — USCIS*). Usted debe consultar siempre estos recursos más detallados si le interesa un tema o caso de inmigración específico. La mayor parte de la información necesaria la podrá encontrar en la siguiente dirección del USCIS en la web: http://www.uscis.gov. Para obtener formularios del USCIS, llame al 1-800-870-3676. Para obtener más información, llame al Centro de Servicios al Cliente (*Customer Service*), al 1-800-375-5283. Si tiene dificultades para oír, llame al 1-800-767-1833.

Dónde obtener ayuda

Esta guía le ayudará a establecerse en este país, pero no contestará todas las preguntas que usted pueda tener. Para encontrar información adicional, quizás le convenga comunicarse con alguna oficina del gobierno en su estado, condado o municipalidad. Allí, podrá averiguar la manera de obtener los servicios que necesita o consultar con una organización local que ayuda a inmigrantes nuevos a adaptarse a la vida en los Estados Unidos. Podrá encontrar estas oficinas utilizando los recursos gratuitos que se describen a continuación.

La biblioteca pública
Nuestras bibliotecas públicas son gratuitas y están a la disposición de todos. Hay bibliotecas en casi todas las comunidades. El personal de la biblioteca le ayudará a encontrar información sobre casi cualquier tema y puede darle una tarjeta que le permitirá sacar prestados materiales, tales como libros y videos, sin pagar. La mayoría de las bibliotecas también tienen periódicos locales que usted podrá consultar y computadoras que podrá utilizar para buscar información en la Internet. Pida al personal de la biblioteca que le enseñe a usar la computadora para realizar este tipo de búsqueda.

Algunas bibliotecas ofrecen clases gratuitas sobre la manera de realizar búsquedas en la Internet. Hay bibliotecas que ofrecen también clases de inglés individuales o de otro tipo, y otros programas para niños y personas adultas.

La guía telefónica local

La guía telefónica (*telephone directory*) del lugar donde usted vive contiene números de teléfono e información importante acerca de los servicios federales, estatales y locales en la comunidad. La guía telefónica contiene información para emergencias, mapas de las áreas locales e información sobre la manera de obtener servicio telefónico. Las páginas blancas contienen una lista de números de teléfono de personas individuales; las páginas amarillas tienen los números de teléfono y las direcciones de negocios y organizaciones. La guía telefónica incluye también los números de teléfono y las direcciones de las oficinas gubernamentales locales, estatales y federales. También se puede marcar el 411 en su teléfono para obtener números de teléfono específicos en cualquier parte de los Estados Unidos. Es posible que su ciudad tenga una guía de páginas amarillas aparte o su propia guía telefónica comunitaria.

La Internet

La red informática mundial (Internet) puede ofrecerle muchas fuentes de información, entre ellas, los sitios en la web de dependencias federales, estatales y locales. La mayoría de los sitios del gobierno en la Internet terminan con ".gov". Si usted no tiene una computadora en casa, puede usar una computadora en su biblioteca pública, o bien, en un negocio conocido como *Internet café*, donde se cobra una tarifa por el uso de una computadora con servicio de Internet. Puede usar este servicio para buscar información sobre empleos, vivienda y escuelas para sus hijos, y para ubicar organizaciones y recursos de la comunidad que le puedan ayudar. También puede encontrar noticias importantes y eventos de actualidad, y descubrir información interesante sobre la vida en los Estados Unidos, sobre la historia y el gobierno del país, y sobre su comunidad. Para encontrar recursos del gobierno federal al alcance de los inmigrantes nuevos, visite el siguiente sitio en la web: http://www.welcometousa.gov.

➤ CONSEJO PRÁCTICO: En su calidad de inmigrante le conviene saber que hay personas deshonestas que han creado sitios en la web que parecen sitios del gobierno, para confundir a la gente y aprovecharse de ella. Recuerde que http://www.uscis.gov es el sitio oficial del Servicio de Ciudadanía e Inmigración de los Estados Unidos (*U.S. Citizenship and Immigration Services*).

Organizaciones comunitarias y religiosas que ayudan a los inmigrantes

En muchas comunidades, hay organizaciones que ofrecen ayuda gratuita, o a un costo muy bajo, a los inmigrantes. Estas organizaciones pueden ayudarle a comprender mejor su comunidad y los servicios a su disposición en su calidad de inmigrante. Usted puede localizar estas organizaciones buscándolas en la Internet y en la guía telefónica local, y pidiendo información en la biblioteca pública y en la agencia de servicios sociales del gobierno local.

Cómo participar en su comunidad

Al participar en la vida de su comunidad, usted podrá vivir en ella más a gusto. Su comunidad es además una buena fuente de información. A continuación se describen algunas de las maneras en que puede participar:

- Preséntese a sus vecinos y establezca buenas relaciones con ellos.

- Comuníquese con las organizaciones comunitarias que ayudan a los inmigrantes a establecerse en nuestro país, o visítelas.

- Únase a grupos organizados dentro de su comunidad religiosa.

- Participe en la asociación de vecinos de su barrio. Éste es un grupo de personas residentes en el barrio que se reúnen para colaborar en asuntos que lo afectan.

- Ofrezca servicios voluntarios en una organización, escuela o iglesia de su comunidad.

- Inscríbase en clases de inglés.

Usted podrá encontrar ideas adicionales sobre cómo participar visitando el sitio en la web del Departamento de Vivienda y Desarrollo Urbano (*Department of Housing and Urban Development*), en la siguiente dirección: http://www.hud.gov. La sección titulada *Communities* contiene información sobre las comunidades y sobre oportunidades para participar en la vida de ellas.

PARA OBTENER MÁS INFORMACIÓN:

 Visite el sitio en la web del USCIS en la dirección: http://www.uscis.gov. Visite también el siguiente sitio: http://www.welcometousa.gov, donde encontrará recursos para inmigrantes.

 Llame al Centro de Servicios al Cliente (*Customer Service*), al 1-800-375-5283.
Si tiene dificultades para oír: 1-800-767-1833.

 Para obtener formularios del USCIS, llame al 1-800-870-3676 o búsquelos en el sitio en la web del USCIS.

Sus derechos y responsabilidades como residente permanente

En su calidad de residente permanente, usted tiene la obligación de respetar a los Estados Unidos, darle su lealtad y cumplir con sus leyes. Su residencia permanente implica también nuevos derechos y nuevas responsabilidades.

La residencia permanente es un <u>privilegio</u>, no un <u>derecho</u>. El gobierno de los Estados Unidos puede quitarle su residencia permanente bajo ciertas circunstancias. Usted debe mantener sus derechos de residencia permanente si desea vivir y trabajar en este país, y obtener algún día la ciudadanía de los Estados Unidos de América. En esta sección, usted aprenderá lo que significa tener la residencia permanente y lo que debe hacer para mantenerla.

Sus derechos y responsabilidades

Lo que usted haga a partir de ahora como residente permanente puede afectar sus posibilidades de obtener la ciudadanía de los Estados Unidos de América en el futuro. Al proceso para obtener la ciudadanía se le llama "naturalización".

Como persona con residencia permanente, usted tiene derecho a:

- Vivir y trabajar permanentemente en cualquier parte de los Estados Unidos
- Solicitar la ciudadanía una vez que haya cumplido con los requisitos
- Solicitar visas para que su cónyuge y sus hijos solteros residan en los Estados Unidos
- Recibir prestaciones del Seguro Social, del Seguro de Ingreso Suplementario (*Supplemental Security Income*) y de Medicare, si cumple con los requisitos
- Adquirir propiedades en los Estados Unidos
- Solicitar una licencia para conducir un vehículo en su estado o territorio
- Salir del país y volver a entrar bajo ciertas circunstancias
- Asistir a una escuela pública y a una institución de educación superior
- Alistarse en ciertas ramas de las Fuerzas Armadas de los Estados Unidos
- Comprar o poseer un arma de fuego, siempre que no haya restricciones estatales o locales que se lo prohíban.

Como persona con residencia permanente, usted tiene la responsabilidad de:

- Obedecer todas las leyes federales, estatales y locales
- Pagar los impuestos sobre la renta federales, estatales y locales
- Inscribirse en el Sistema del Servicio Selectivo de las Fuerzas Armadas de los Estados Unidos, si es un varón entre 18 y 26 años de edad. Vea las instrucciones en la página 11.
- Mantener su residencia permanente
- Llevar consigo en todo momento documentación que compruebe su residencia permanente
- Notificar en línea o por escrito al Departamento de Seguridad Nacional (*Department of Homeland Security* —DHS) su nueva dirección cada vez que se mude de casa. Deberá hacer esto dentro de un plazo no mayor de 10 días después de su mudanza. Vea las instrucciones en la página 12.

A las personas con residencia permanente se les expide una Tarjeta de residente permanente válida (el Formulario I-551) como constancia de su situación legal en el país. Algunas personas le dan a esta tarjeta el nombre en inglés de *Green Card*. Si usted es residente permanente y ha cumplido 18 años de edad o más, debe llevar consigo esta documentación sobre su estado legal ante las autoridades de inmigración. Deberá presentar su tarjeta a cualquier oficial de inmigración que se la pida. Su tarjeta es válida por 10 años y es necesario renovarla antes de su fecha de vencimiento. Para reemplazar o renovar su Tarjeta de residente permanente, deberá llenar y presentar el Formulario I-90. Este formulario lo puede obtener en la siguiente dirección de la web: http://www.uscis.gov o llamando a la Línea de Formularios del USCIS. Es necesario pagar un cargo al presentar el Formulario I-90.

Su Tarjeta de residente permanente demuestra que tiene el derecho de vivir y trabajar en los Estados Unidos. También la puede utilizar para reingresar al país. Si ha estado fuera de los Estados Unidos durante más de 12 meses, deberá presentar documentación adicional para volver a ingresar como residente permanente. Vea la página 10 para obtener más información sobre los documentos necesarios para reingresar después de haberse ausentado del país por más de 12 meses.

OTROS DOCUMENTOS IMPORTANTES

Mantenga en un lugar seguro los documentos importantes que trajo de su país de origen. Entre estos documentos están su pasaporte, su certificado de nacimiento, su certificado de matrimonio, su certificado de divorcio, los diplomas que comprueban que usted se graduó de la escuela secundaria o de una institución de educación superior, y los certificados que demuestran que tiene capacitación o aptitudes especiales.

Cómo mantener su residencia permanente

Hay ciertas cosas que usted deberá hacer para mantener su residencia permanente. También es importante que las recuerde si piensa solicitar la ciudadanía en el futuro.

- No salga de los Estados Unidos durante un período prolongado ni se mude a otro país permanentemente.

- Presente las declaraciones federales, estatales y, si es pertinente, locales de sus impuestos sobre la renta.

- Inscríbase en el Sistema del Servicio Selectivo, si es varón y tiene entre 18 y 26 años de edad.

- Al mudarse de casa, notifique al DHS su nueva dirección.

Mantenga su estado ante las autoridades de inmigración
Cualquier residente permanente de los Estados Unidos que se ausenta del país durante períodos prolongados o que no puede demostrar su intención de vivir permanentemente en los Estados Unidos puede perder su residencia permanente. Muchos inmigrantes creen que pueden vivir en el extranjero, siempre que regresen a los EE. UU. por lo menos una vez al año. Esto no es correcto. Si usted cree que va a ausentarse del país durante más de 12 meses, deberá solicitar un permiso de reingreso <u>antes</u> de viajar. Deberá presentar el Formulario I-131, titulado en inglés *Application for a Travel Document* (Solicitud de un documento de viaje). Usted puede obtener este formulario en el siguiente sitio de la web: <u>http://www.uscis.gov</u>, o llamando al teléfono para obtener formularios del USCIS, al 1-800-870-3676. Es necesario pagar un cargo al presentar el Formulario I-131.

El permiso de reingreso es válido hasta por dos años. Usted podrá presentar el permiso de reingreso, en vez de una visa o su Tarjeta de residente permanente, en un puerto de entrada. Poseer un permiso de reingreso no le garantiza la admisión a los EE. UU. al regresar, pero sí puede facilitar el proceso de comprobar que está regresando de una visita temporal fuera del país. Visite el sitio en la web del Departamento de Estado: <u>http://www.state.gov</u>, o acuda a la Oficina Consular del Departamento de Estado que le quede más cerca en el extranjero.

Declaraciones de impuestos

Como residente permanente, usted tiene la obligación de presentar su declaración anual de impuestos sobre la renta y de reportar sus ingresos al Servicio de Rentas Internas (*Internal Revenue Service* —IRS) y, si es necesario, al departamento de impuestos estatal, municipal o local. Si usted no presenta sus declaraciones de impuestos mientras esté fuera del país durante cualquier período, o si declara en ellas que no es inmigrante, el gobierno de los Estados Unidos puede decidir que ha renunciado a su residencia permanente.

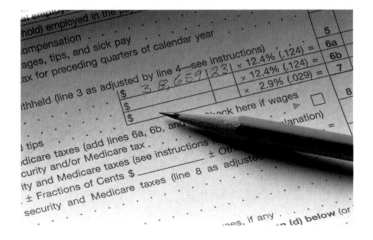

Inscripción en el Sistema del Servicio Selectivo

Si es varón y tiene entre 18 y 26 años de edad, usted tiene la obligación de inscribirse en el Sistema del Servicio Selectivo de las Fuerzas Armadas de los Estados Unidos (*Selective Service System*). Con su inscripción, usted indica al gobierno que está en condiciones de ingresar al servicio militar. Actualmente, en los Estados Unidos el servicio militar no es obligatorio. Esto significa que los residentes permanentes y los ciudadanos no están obligados a servir en las Fuerzas Armadas a menos que lo deseen hacer.

Usted puede inscribirse para el servicio militar en una oficina de correos de los Estados Unidos o en la Internet. Para inscribirse en el Sistema del Servicio Selectivo por la Internet, visite el siguiente sitio en la web: http://www.sss.gov. Para comunicarse por teléfono con sus oficinas, llame al 847-688-6888. La llamada no es gratuita.

También puede encontrar información visitando el sitio en la web del USCIS: http://www.uscis.gov.

Notifique al DHS su nueva dirección

Cada vez que usted se mude de casa, deberá notificar su nueva dirección al DHS. Para hacerlo, deberá presentar el Formulario AR-11, titulado en inglés *Alien's Change of Address Card* (Tarjeta de cambio de dirección de persona extranjera). Usted tiene la obligación de enviar este formulario dentro de un plazo no mayor de 10 días después de su mudanza. La presentación de este formulario es gratis. Usted podrá notificar el cambio de su dirección en línea, utilizando un formulario AR-11 electrónico, en el siguiente sitio en la web: http://www.uscis.gov. El cambio de dirección en línea acepta también cambios para la mayoría de los casos pendientes.

Para obtener más información, llame al USCIS, al 1-800-375-5283, o visite el siguiente sitio en la web: http://www.uscis.gov.

Si es residente condicional

Es posible que su estadía en los Estados Unidos sea como residente condicional (*Conditional Resident* —CR). Usted se clasifica como residente condicional si se casó con una persona ciudadana o con residencia permanente menos de dos años antes de la fecha en que recibió su residencia permanente. Si tiene hijos, ellos posiblemente se clasificarán también como residentes condicionales. Algunos inversionistas inmigrantes se clasifican también como residentes condicionales.

Los residentes condicionales tienen los mismos derechos y responsabilidades que las personas con residencia permanente. Los residentes condicionales deben presentar el Formulario I-751, titulado en inglés *Petition to Remove the Conditions on Residence* (Petición para suprimir las condiciones de la residencia), o el Formulario I-829, *Petition by Entrepreneur to Remove Conditions* (Petición por empresario para suprimir condiciones), dentro de los dos años siguientes a la fecha en que obtuvo su residencia permanente condicional. Esta fecha generalmente es la fecha de vencimiento de su Tarjeta de residente permanente. Es necesario presentar estos formularios dentro de un plazo de 90 días después de cumplirse el segundo aniversario de la fecha en que usted obtuvo su residencia condicional. Si no lo hace, puede perder su residencia condicional.

Cómo llenar el Formulario I-751 con su cónyuge
Si usted es una persona con residencia condicional e inmigró en base a su matrimonio con un ciudadano, ciudadana o residente permanente, entonces, deberá presentar conjuntamente con su cónyuge el Formulario I-751 para poder suprimir las condiciones de su residencia permanente.

En ciertos casos, no es necesario presentar el Formulario I-751 en forma conjunta con su cónyuge. Si su matrimonio se ha disuelto o si su cónyuge ha abusado de usted, podrá presentar el Formulario I-751 independientemente. Si no está presentando el Formulario I-751 en forma conjunta con su cónyuge, lo puede presentar en cualquier momento después de recibir su residencia condicional.

CÓMO PRESENTAR LOS FORMULARIOS I-751 Y I-829 DEL USCIS

Quiénes: Residentes condicionales

Por qué: La residencia condicional se vence dos años después de la fecha en que se le expidió.

Cuándo: Los residentes condicionales que presentan su solicitud conjuntamente con sus cónyuges deben presentar el Formulario I-751. Los inversionistas inmigrantes deben presentar el Formulario I-829. Ambos formularios deben presentarse dentro de un plazo de 90 días antes de que se venza la residencia condicional. Por lo general, la fecha de vencimiento aparece en la Tarjeta de residente permanente.

Dónde se puede obtener el formulario: Usted puede llamar a la Línea de Formularios del USCIS, al 1-800-870-3676. También puede obtener el formulario en la siguiente dirección de la web: http://www.uscis.gov.

Dónde se debe enviar el formulario: Envíelo a un Centro de Servicios al Cliente del USCIS (*USCIS Service Center*). Las direcciones de estos Centros aparecen en las instrucciones del formulario.

Cuánto cuesta: Para presentar el Formulario I-751 o el Formulario I-829, es necesario pagar un cargo. Estos cargos pueden cambiar. Por lo tanto, obtenga información sobre el monto de los cargos actuales del USCIS antes de enviar el formulario.

Si usted presenta el Formulario I-751 o el Formulario I-829 a tiempo, el USCIS le enviará normalmente una notificación que extiende su residencia condicional por hasta 12 meses. Durante este período, el USCIS considerará los méritos de su solicitud.

CONSEJO PRÁCTICO: Mantenga copias de todos los formularios que envíe a USCIS y a otras oficinas gubernamentales. Al enviar documentos, no envíe los originales. Envíe copias. A veces, los formularios se pierden. Sus copias pueden ayudarle a evitar problemas.

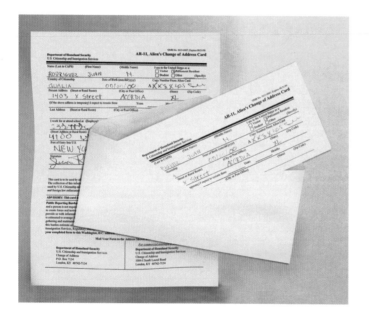

Cómo obtener ayuda legal

Si usted necesita ayuda con un asunto de inmigración, puede utilizar los servicios de un abogado o abogada de inmigración con diploma y competencia. Puede consultar con el colegio de abogados local (*Bar Association*) para localizar a un abogado o abogada que reúna estos requisitos.

Algunos estados expiden certificados a abogados especializados en las leyes de inmigración. Estos abogados han aprobado exámenes para comprobar que ellos poseen conocimientos especiales sobre las leyes de inmigración. Los siguientes estados publican en sus sitios en la web listas de especialistas certificados: California, Florida, Carolina del Norte y Texas. Note, sin embargo, que usted es responsable de determinar si quiere emplear o no a un abogado o abogada en particular. El DHS no apoya ni recomienda a ningún abogado o abogada en particular.

Si necesita ayuda legal con un asunto de inmigración pero no tiene suficiente dinero para obtener ayuda legal, existen algunas opciones de ayuda a bajo costo o gratuitas. Puede solicitar la ayuda de:

• **Organizaciones reconocidas.** Éstas son organizaciones reconocidas por la Junta de Apelaciones de Inmigración (*Board of Immigration Appeals* —BIA). Para obtener la clasificación de "reconocidas", estas organizaciones deben tener los conocimientos y la experiencia suficientes para prestar servicios a los inmigrantes, y pueden cobrar o aceptar solamente honorarios muy bajos por sus servicios. Para obtener una lista de las organizaciones reconocidas por la BIA, consulte la siguiente dirección en la web: http://www.usdoj.gov/eoir/statspub/recognitionaccreditationroster.pdf.

- **Representantes acreditados.** Éstas son personas vinculadas con las "organizaciones reconocidas" por la BIA. Los representantes acreditados pueden cobrar o aceptar solamente honorarios muy bajos por sus servicios. Para obtener una lista de representantes acreditados por la BIA, consulte la siguiente dirección en la web: http://www.usdoj.gov/eoir/statspub/accreditedreproster.pdf.

- **Representantes competentes.** Éstas son personas que prestan servicios gratuitos. Los representantes competentes deben conocer las leyes de inmigración y las normas de procedimiento en los tribunales. Los representantes competentes pueden ser, por ejemplo, estudiantes o graduados de la carrera de derecho. También pueden ser personas de buen carácter moral que tienen alguna relación personal o profesional con usted (parientes, vecinos, miembros del clero, compañeros de trabajo, amistades).

- **Proveedores de servicios legales gratis.** La Oficina del Presidente del Juzgado de Inmigración (*Office of the Chief Immigration Judge*) tiene una lista de proveedores de servicios legales gratis para personas con un proceso de inmigración

SI ES VÍCTIMA DE ABUSO DOMÉSTICO

Si usted es víctima de abuso doméstico, puede obtener ayuda por medio de la Línea Nacional de Atención Rápida para Casos de Violencia Doméstica (*National Domestic Violence Hotline*), llamando al 1-800-799-7233. Si tiene dificultades para oír, llame al 1-800-787-3224). Se ofrece ayuda en español y en otros idiomas.

La Ley sobre la violencia contra las mujeres (*Violence Against Women Act*) permite que las víctimas del abuso cometido por ciudadanos o residentes permanentes, ya sean sus cónyuges o sus hijos, puedan solicitar la residencia permanente por cuenta propia. Visite el siguiente sitio en la web: http://www.uscis.gov, o llame a la Línea Nacional de Atención Rápida para Casos de Violencia Doméstica (*National Domestic Violence Hotline*) para obtener más información.

pendiente (consulte la siguiente dirección en la web: http://www.usdoj.gov/eoir/probono/states.htm). Ésta es una lista de profesionales y organizaciones legales dispuestas a representar gratis a los inmigrantes ante los tribunales de inmigración. Los profesionales y las organizaciones en esta lista han acceptado prestar servicios *pro bono* (gratis) a los inmigrantes solamente en procesos de inmigración. Por lo tanto, tal vez no podrán ayudarle con asuntos no relacionados con los tribunales (por ejemplo, peticiones de visa, naturalización, etc.).

- **Programa Pro bono.** Generalmente en cada oficina local del USCIS hay listas de organizaciones locales reconocidas que ofrecen servicios *pro bono* (gratis) y de sus representantes.

¡Cuidado con los "consultores de inmigración" fraudulentos! Muchos consultores de inmigración son honestos y competentes, y pueden prestar un buen servicio a los inmigrantes. Sin embargo, hay ciertas personas que se aprovechan de los inmigrantes.

Antes de consultar a alguien sobre asuntos de inmigración y antes de gastar su dinero, le conviene investigar los recursos disponibles para poder tomar la decisión correcta sobre el tipo de ayuda legal que necesita. Evite convertirse en víctima del fraude de inmigración.

A continuación se enumeran ciertas cosas que debe recordar:

- Ninguna organización privada ni persona particular que ofrezca ayuda en asuntos de inmigración mantiene una relación especial con el USCIS. Si alguien le hace promesas exageradas o dice tener una relación especial con el USCIS, no le crea. No confíe en personas que le garantizan buenos resultados o una tramitación más rápida. Si usted no llena los requisitos para recibir un beneficio inmigratorio, no podrá cambiar esa situación con la ayuda de un abogado o consultor de inmigración.

- Algunos consultores, agencias de viajes, oficinas inmobiliarias y personas denominadas "notarios públicos" ofrecen servicios de inmigración. No deje de hacerles preguntas sobre su competencia y pida ver copias de sus cartas de acreditación por la BIA o de su certificación por el colegio de abogados. Algunas personas que dicen ser competentes para ofrecer servicios legales no lo son. Estas personas pueden cometer errores que le causarán problemas graves.

- Si decide emplear a alguien como su consultor o representante legal en asuntos de inmigración, obtenga un contrato por escrito. El contrato debe estar escrito en inglés y en su propio idioma, si el inglés no es su idioma nativo. El contrato deberá enumerar todos los servicios que se le prestarán y el costo de los mismos. Pida referencias antes de firmar el contrato.

- Evite pagar los servicios en efectivo. Asegúrese de obtener un recibo de pago y de conservar sus documentos originales.

- Nunca firme un formulario o solicitud en blanco. Asegúrese de haber comprendido lo que está firmando.

Obtenga ayuda si un consultor en asuntos de inmigración le estafa. Llame a la oficina del fiscal (*District Attorney's Office*) o al departamento estatal o local de asuntos del consumidor, o al departamento de policía local.

Consecuencias de actos criminales cometidos por residentes permanentes

En los Estados Unidos vivimos en una sociedad donde la ley se respeta. Los residentes permanentes del país tienen la obligación de obedecer todas las leyes. Si usted es residente permanente y comete un delito o le declaran culpable de un delito en los Estados Unidos, las consecuencias podrían ser graves. Es posible que se le expulse del país, que no se le permita reingresar si sale del país y, bajo ciertas circunstancias, que pierda su elegibilidad para obtener la ciudadanía. Entre los ejemplos de delitos que pueden afectar su residencia permanente se encuentran:

- Un acto criminal definido como un "delito mayor con circunstancias agravantes", entre los que se incluyen actos de violencia criminal que acarrean condenas de un año

- Asesinato

- Actividades terroristas

- Violación sexual

- Agresión sexual contra alguien menor de edad

- Tráfico ilegal de drogas, de armas de fuego o de personas

- Un crimen de "corrupción moral", definido en general como un delito cometido con la intención de robar o defraudar; un delito que causa lesiones físicas o crea una amenaza de lesiones físicas; un delito que causa lesiones físicas de gravedad debido a negligencia intencional; o un delito de mala conducta sexual.

También habrá consecuencias serias si usted, en su calidad de residente permanente:

- Miente para obtener beneficios de inmigración para sí o para otra persona

- Dice tener la ciudadanía cuando no la tiene

- Vota en elecciones federales o locales en las que sólo pueden participar los ciudadanos

- Es una persona "habitualmente ebria", o sea, alguien que se emborracha o usa drogas ilegales la mayor parte del tiempo.

- Ha contraído matrimonio con más de una persona a la vez

- Deja de mantener a su familia o pagar la manutención de sus hijos o de su cónyuge como se le ha ordenado

- Queda bajo arresto por atacar o acosar a un familiar, lo cual incluye violar una orden de protección personal. Esto se conoce como un acto de violencia doméstica

- Miente para recibir prestaciones del gobierno

- Deja de hacer sus declaraciones de impuestos cuando debe

- Deja intencionalmente de inscribirse en el Sistema del Servicio Selectivo si es varón y tiene entre 18 y 26 años de edad.

- Ayuda a entrar ilegalmente en los EE. UU. a otra persona que no tiene ciudadanía de los EE. UU. por nacimiento o naturalización, aun cuando esa persona sea pariente cercano/a de usted y aun si usted no recibe ningún pago por hacerlo.

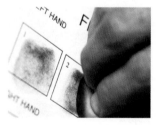

Si usted ha cometido un delito o se le ha declarado culpable de un delito, antes de solicitar otro beneficio de inmigración, debe consultar a un abogado de inmigración de buena reputación o a una organización comunitaria que preste servicios legales a los inmigrantes. Vea la página 14 para obtener información sobre la manera de obtener ayuda legal.

Cómo establecerse en los Estados Unidos de América

Esta sección contiene información que podrá ayudarle a adaptarse a la vida en los Estados Unidos. En ella se incluyen sugerencias sobre la manera de encontrar vivienda y trabajo, obtener su número de Seguro Social y una licencia para conducir automóviles, administrar su dinero y obtener atención médica para usted y para su familia.

Cómo encontrar vivienda

Usted puede escoger el sitio donde desea vivir en los Estados Unidos. Muchas personas se hospedan con amistades o familiares cuando acaban de llegar al país. Después de encontrar trabajo, se mudan a su propia vivienda. A veces, alguna organización religiosa o comunitaria les ayuda a encontrar vivienda temporal.

En este país, la mayoría de las personas utilizan aproximadamente el 25 por ciento de sus ingresos para cubrir sus gastos de vivienda. Aparecen a continuación algunas de las opciones para encontrar vivienda.

Viviendas de alquiler
Es posible alquilar apartamentos y casas, y hay distintas maneras de localizarlas:

- Busque edificios con letreros que anuncien *Apartment Available* (Apartamento libre) o *For Rent* (Se alquila).

- Lea la sección de los periódicos de su comunidad titulada *Classified Advertisements* (Avisos clasificados) o *Classifieds* (Clasificados). Consulte las listas tituladas *Apartments for Rent* (Apartamentos de alquiler) y *Homes for Rent* (Casas de alquiler). Estas secciones ofrecen información sobre viviendas, como, por ejemplo, su ubicación, el número de habitaciones y el costo del alquiler.

- En las páginas amarillas de la guía telefónica podrá examinar la sección de bienes raíces titulada *Property Management* (Administración de propiedades). Esta sección ofrece información sobre compañías que alquilan viviendas. Es posible que estas compañías le cobren por el servicio de ayudarle a encontrar vivienda.

- Pregunte a sus amistades y familiares, o a sus compañeros de trabajo, si saben de algún sitio que se alquile.

- Busque avisos titulados *For Rent* (Se alquila) en los tableros de anuncios en bibliotecas, supermercados y centros comunitarios.

- Busque viviendas de alquiler en la Internet. Si no tiene computadora en casa, vaya a la biblioteca pública local o a un café de Internet.

- Comuníquese con un corredor de bienes raíces en su comunidad.

Lo que usted puede esperar al alquilar una vivienda

Una solicitud de alquiler. A las personas que tienen apartamentos o casas para alquilar se les llama en inglés *landlords* (arrendadores). Es posible que el arrendador o dueño de la propiedad le pida que llene un formulario de solicitud de alquiler. Este documento permite que el arrendador verifique que usted cuenta con los recursos para pagar el alquiler.

El formulario de solicitud de alquiler puede pedirle su número del Seguro Social y una constancia de tener empleo. Usted puede utilizar su Tarjeta de residente permanente si todavía no se le ha expedido su número de Seguro Social. También puede presentar el talonario de su cheque de pago para comprobar que tiene empleo. Es posible que se le cobre un pequeño cargo cuando presenta la solicitud.

Si usted aún no tiene empleo, puede ser necesario que otra persona firme el contrato de alquiler con usted. Esta persona garantiza el contrato como co-signataria. Si usted no puede pagar el alquiler, la co-signataria del contrato estará obligada a pagarlo por usted.

Un contrato de arrendamiento. Si el arrendador acuerda alquilarle la vivienda que usted solicita, usted tendrá que firmar un acuerdo o contrato de arrendamiento llamado en inglés *lease*. Al firmar este contrato, usted se compromete a pagar su alquiler a tiempo y a vivir en esa vivienda durante un período específico. La mayoría de estos contratos son efectivos por un año.

También es posible alquilar una vivienda por períodos más cortos, de un mes, por ejemplo. Un contrato de arrendamiento corto puede ser más caro que uno más largo.

Al firmar un contrato, usted acuerda mantener la vivienda limpia y en buenas condiciones. Si causa daños en la vivienda alquilada, podrá tener la obligación de pagar por ellos. El contrato puede especificar también el número de personas que podrán ocupar la vivienda.

El contrato de arrendamiento es un documento legal. Usted tiene la obligación de cumplir con su parte del acuerdo. Los arrendadores también tienen la obligación de cumplir con la suya. Ellos deberán mantener la propiedad segura y en buenas condiciones.

El pago de un depósito de garantía. Generalmente, los inquilinos pagan un depósito de garantía cuando se mudan a una vivienda. Este depósito equivale generalmente al costo del alquiler de un mes. El depósito se le devolverá si usted deja la casa limpia y en buenas condiciones cuando se muda a otra vivienda. De lo contrario, el arrendador puede retener una parte o el total del depósito para pagar el costo de limpiarla o repararla.

Inspeccione la casa o el apartamento antes de entrar a vivir en ella. Informe al arrendador de cualquier problema que encuentre. Antes de salir de la propiedad, hable con el arrendador para determinar si usted debe reparar algo para que le devuelvan todo su depósito de garantía.

El pago de otros costos de alquiler. En algunas casas o apartamentos de alquiler, el pago del alquiler incluye el costo de servicios públicos (gas, electricidad, calefacción, agua y recolección de basura). En otras, estos gastos se cobran por separado. Antes de firmar un contrato de arrendamiento, pregunte al arrendador si el alquiler incluye los servicios públicos. Si es así, asegúrese de que su contrato incluya esta condición. Si el alquiler no incluye servicios públicos, averigüe cuánto le costarán. El costo de algunos servicios públicos puede ser mayor durante el verano (por el aire acondicionado) o durante el invierno (por la calefacción).

CÓMO OBTENER LAS REPARACIONES NECESARIAS

Los arrendadores tienen la obligación de mantener la casa o el apartamento que usted alquila libre de peligros y en buenas condiciones. Si tiene algún problema:

- Primero, hable con el arrendador de la vivienda. Explíquele el problema y pídale que lo resuelva.

- Luego, escriba una carta al arrendador, describiendo el problema. Guarde una copia de su carta.

- Finalmente, llame a la dependencia que supervisa las viviendas (*Housing Office*) en su comunidad. La mayoría de los gobiernos municipales o locales cuentan con personal para inspeccionar viviendas y detectar problemas. Solicite una inspección y muestre al inspector o a la inspectora todos los problemas relacionados con su vivienda.

Si el arrendador no resuelve los problemas, es posible que usted tenga derecho a presentar un cargo legal en su contra.

Cómo poner fin a un contrato de arrendamiento. La cancelación de un contrato arrendamiento se conoce en inglés como *terminating your lease*. Es posible que el arrendador acepte cancelar su contrato antes de la fecha acordada si encuentra a otra persona a quien alquilarle la vivienda. De lo contrario, usted posiblemente tendrá la obligación de pagar el alquiler mensual de la vivienda hasta la fecha acordada, aun si ya haya salido de ella. Si se muda antes de la fecha de vencimiento del contrato, puede también perder su depósito de garantía. Notifique al arrendador por escrito de su intención de mudarse. La mayoría de los arrendadores exigen que se les notifique por lo menos 30 días antes de la fecha programada para la mudanza.

CONOZCA SUS DERECHOS: LA DISCRIMINACIÓN EN ASUNTOS DE VIVIENDA ESTÁ PROHIBIDA

Los arrendadores de viviendas de alquiler no pueden negarse a alquilarle una propiedad por ser usted quien es. Es ilegal que alguien se niegue a alquilarle debido a:

- su raza o color
- su país de origen
- su religión
- su género
- una discapacidad física
- su condición como miembro de una familia, por ejemplo, si se ha casado o no.

Si usted considera que alguien se ha negado a alquilarle una vivienda debido a cualquiera de estas razones, puede comunicarse por teléfono con el Departamento de Vivienda y Desarrollo Urbano de los Estados Unidos (*U.S. Department of Housing and Urban Development* —HUD), llamando al 1-800-669-9777. Se ofrece información en inglés y en español.

CONSEJO PRÁCTICO: Si se muda, comunique su nueva dirección al Servicio Postal de los Estados Unidos (*U.S. Postal Service*) para que le envíen su correspondencia a esa dirección. Este cambio de dirección lo puede efectuar en el siguiente sitio en la web: http://www.usps.com, o visitando la oficina postal en su comunidad, donde puede solicitar una publicación titulada *Moving Guide* (Guía para la mudanza). No se olvide de presentar también el Formulario AR-11 al Departamento de Seguridad Nacional. Vea las instrucciones en la página 12.

La compra de una casa

Para muchas personas, tener su casa propia forma parte de su vida soñada en los Estados Unidos. Poseer una casa ofrece muchos beneficios y crea muchas responsabilidades.

Los agentes de bienes raíces pueden ayudarle a localizar una casa. Pida a sus amistades o compañeros de trabajo que le recomienden a un agente, o llame a una agencia de bienes raíces en su comunidad. Pida que le atienda un/a agente que conozca la zona donde usted desea comprar su casa. También puede buscar en la sección de avisos clasificados del periódico la parte titulada *Homes for Sale* (Casas en venta). También puede buscar propiedades que tengan un letrero que dice *For Sale* (Se vende) en los vecindarios que a usted le gusten.

La mayoría de las personas necesitan obtener dinero en préstamo para comprar una casa. A este tipo de préstamo se le llama "hipoteca" (*mortgage*) Las hipotecas se pueden obtener a través de un banco local o de una compañía de hipotecas. Cuando usted obtiene una hipoteca, el dinero se le presta a una tasa de interés específica y por un período específico.

Los intereses que usted pague por su hipoteca los puede deducir en su declaración federal de impuestos sobre la renta.

CONSEJO PRÁCTICO: Cuídese de las empresas de crédito que ofrecen hipotecas con tasas de interés muy altas. Algunas pueden intentar cobrarle más porque usted acaba de llegar a este país. Existen leyes que le dan protección contra fraudes, cargos innecesarios y discriminación en asuntos relacionados con la compra de una casa. Obtenga más información consultando la sección titulada *Homes* (Vivienda) en el siguiente sitio de la web: http://www.hud.gov.

Es necesario comprar también una póliza de seguro que le ayude a pagar cualquier daño que su propiedad sufra en el futuro. Este seguro generalmente cubre daños causados por el mal tiempo, un incendio o un robo. Usted necesitará también pagar impuestos sobre la propiedad basados en el valor de su casa.

Un/a agente de bienes raíces o un/a abogado/a puede ayudarle a obtener una hipoteca y un seguro. También puede ayudarle a llenar los formularios para la compra de la casa. Su agente de bienes raíces no deberá cobrarle por ayudarle a comprar su casa. Pero es posible que usted tenga que pagar a su abogado o abogada por su ayuda en llenar los formularios. También tendrá que pagar cargos por la obtención de su hipoteca y por el registro de los documentos legales ante el estado. A estos cargos se les llama en inglés *closing costs*. Su agente de bienes raíces o la empresa hipotecaria deberá informarle del monto de estos cargos antes de que usted firme los documentos finales para la compra de su casa.

MÁS INFORMACIÓN SOBRE EL ALQUILER O LA COMPRA DE UNA CASA

Para obtener información en inglés y en español, visite el sitio en la web del Departamento de Vivienda y Desarrollo Urbano de los Estados Unidos (*U.S. Department of Housing and Urban Development*): http://www.hud.gov, o llame al 1-800-569-4287. Para obtener información acerca de la compra de una casa y cómo obtener una hipoteca, consulte con el Centro Federal de Información para Ciudadanos (*Federal Citizen Information Center*) en el siguiente sitio en la web: http://www.pueblo.gsa.gov. Consulte también la sección titulada *For Home Buyers and Homeowners* (Para propietarios y compradores de casa) en el siguiente sitio: http://www.fanniemae.com.

Cómo obtener un número de Seguro Social

Como residente permanente, usted puede obtener un número de Seguro Social (*Social Security Number* —SSN). Éste es un número que el gobierno de los Estados Unidos le asigna. Su número de Seguro Social ayuda al gobierno a mantenerse informado de sus ingresos y de los beneficios que usted puede recibir. Los bancos y otras entidades, como las escuelas, también utilizan este número de identificación. Es posible que se le pida su número de Seguro Social cuando alquila un apartamento o compra una casa.

La dependencia del gobierno encargada del Seguro Social se llama la Administración del Seguro Social (*Social Security*

Administration). Para encontrar la oficina de esta dependencia que le quede más cerca, haga lo siguiente:

• Pregunte a sus amistades o vecinos dónde queda la oficina del Seguro Social más cercana.

• Llame al 1-800-772-1213 entre las 7 AM y las 7 PM. Podrá obtener información en inglés y en español. Tendrá a su disposición servicios de interpretación gratis.

• Busque la dirección en las páginas de la guía telefónica relacionadas con las oficinas del gobierno federal.

• Busque en el sitio en la web de la Administración del Seguro Social (*Social Security Administration*): http://www.socialsecurity.gov, o bien, para obtener información en español, http://www.segurosocial.gov/espanol/.

SI USTED NO HABLA INGLÉS:

Las oficinas del Seguro Social pueden ofrecerle servicios de intérprete gratis para ayudarle a solicitar su número de Seguro Social. Cuando llame al 1-800-772-1213, informe a quien conteste su llamada que usted no habla inglés. Esa persona le encontrará a alguien que le sirva de intérprete y le ayude por teléfono. También puede obtener servicios de intérprete cuando visite las oficinas del Seguro Social.

El sitio en la web de la Administración del Seguro Social contiene información útil para personas recién llegadas a los Estados Unidos. Una de las secciones de este sitio ofrece información acerca del Seguro Social en 14 idiomas. Visite el siguiente sitio: http://www.socialsecurity.gov, o bien, para obtener información en español, http://www.segurosocial.gov/espanol/.

Usted <u>no</u> necesita llenar una solicitud especial ni ir a las oficinas del Seguro Social para obtener un número si:

- Solicitó su número o tarjeta de Seguro Social cuando pidió su visa de inmigrante; y

- Presentó su solicitud para una visa de inmigrante en octubre de 2002 o después; y

- Tenía 18 años de edad o más cuando llegó a los Estados Unidos.

EVITE EL ROBO DE SU IDENTIDAD

El término *identity theft* (robo de identidad) significa que alguien le ha robado su información personal, como, por ejemplo, su número de Seguro Social o el número de su cuenta de banco. Con esta información, esa persona puede sacar dinero de su cuenta u obtener una tarjeta de crédito en su nombre. El robo de identidad es un delito grave. Protéjase tomando las siguientes medidas:

- Asegúrse de conocer a las personas o negocios a quienes da su información personal y de poder confiar de ellos, particularmente al dar su información por teléfono o en la Internet.

- Guarde su tarjeta de Seguro Social en un lugar seguro de su casa. No la lleve consigo.

- Lleve consigo solamente los documentos de identidad o tarjetas de crédito que necesita en ese momento. Deje los demás en un lugar seguro de su casa.

- Haga pedazos o trizas cualquier papel o formulario que contenga su información personal antes de echarlo a la basura.

Si se le presenta algún problema debido a un robo de identidad, puede obtener ayuda llamando a la línea telefónica de atención rápida (*ID Theft Hotline*) de la Comisión Federal de Comercio (*Federal Trade Commission*), 1-877-438-4338. También puede obtener información al respecto visitando el siguiente sitio en la web: http://www.ftc.gov/bcp/edu/microsites/idtheft.

En estos casos, los Departamentos de Estado y de Seguridad Nacional (*Departments of State and Homeland Security*) habrán enviado ya a la Administración del Seguro Social la información necesaria para que le expida su número de Seguro Social. Esta dependencia le asignará su número de Seguro Social y le enviará su tarjeta de Seguro Social por correo utilizando la misma dirección postal en los Estados Unidos a la que el USCIS le enviará su Tarjeta de residente permanente. Su tarjeta de Seguro Social deberá llegarle dentro de las tres semanas siguientes a su llegada a los Estados Unidos. Comuníquese con la Administración del Seguro Social si su tarjeta no le llega dentro de este período o si ha cambiado de dirección postal después de llegar a nuestro país, pero antes de recibir su tarjeta de Seguro Social.

Usted <u>tiene la obligación</u> de presentarse ante una oficina del Seguro Social para obtener su número de Seguro Social si:

- No solicitó un número o una tarjeta de Seguro Social cuando presentó su solicitud para una visa de inmigrante; o bien,

- Hizo la solicitud para su visa de inmigrante antes de octubre de 2002; o bien,

- Tenía menos de 18 años de edad cuando llegó a los Estados Unidos.

Un miembro del personal de la Administración del Seguro Social le ayudará a solicitar su número de Seguro Social. Cuando vaya a la oficina del Seguro Social para presentar esta solicitud, tenga a mano los siguientes documentos:

- Su certificado de nacimiento u otro documento, como su pasaporte, que indique el lugar y la fecha de su nacimiento; y

- Un documento que indique su situación inmigratoria, incluso su permiso para trabajar en los Estados Unidos. Este documento puede ser su Tarjeta de residente permanente o su pasaporte con un sello del Departamento de Inmigración o rótulo de visa.

Su número de Seguro Social se le enviará por correo. Usted deberá recibir su tarjeta de Seguro Social aproximadamente dos semanas después de que la oficina del seguro social reciba todos los documentos necesarios para tramitar su solicitud. Si la Administración del Seguro Social considera que es necesario verificar alguno de sus documentos, puede haber una demora en la llegada de su número de Seguro Social.

Cómo administrar su dinero

Cómo abrir una cuenta de banco

Una cuenta de banco es un lugar seguro para guardar su dinero. Los bancos tienen cuentas de distintos tipos. Las cuentas de cheque (para pagar cuentas) y las cuentas de ahorro (para ganar intereses) son dos de las más comunes. Usted puede abrir una cuenta individual o una cuenta en común con su cónyuge u otra persona. Los bancos pueden cobrarle ciertos cargos por algunos de sus servicios.

Las cooperativas de crédito (*credit unions*) y las asociaciones de ahorro y préstamo (*savings and loan associations*) son otras opciones para establecer cuentas de banco. Quizá su empleador tenga una cooperativa de crédito de la cual usted pueda hacerse miembro. Las cooperativas de crédito ofrecen servicios muy similares a los de los bancos, pero muchas ofrecen servicios adicionales. Para poder escoger la empresa bancaria más apropiada para sus necesidades, compare los servicios, cargos, horarios y ubicaciones de varias empresas bancarias antes de abrir una cuenta.

> CONSEJO PRÁCTICO: Muchos almacenes ofrecen cambiar cheques y enviar dinero al extranjero, pero hay que pagar por estos servicios. Averigüe si su empresa bancaria los ofrece a un precio más bajo.

CÓMO MANTENER LA SEGURIDAD DE SU DINERO

Es peligroso dejar grandes cantidades de dinero en casa. Tampoco es seguro cargar en su persona grandes cantidades de dinero en efectivo. Lo podría perder o se lo podrían robar. El dinero depositado en un banco que es miembro de la Corporación Federal de Seguro de Depósitos (*Federal Deposit Insurance Corporation* —FDIC) estará protegido. La FDIC ofrece a los bancos un seguro que garantiza la protección de su dinero. Si el banco donde usted tiene su cuenta deja de operar, el seguro de la FDIC le pagará el saldo de su cuenta hasta por un monto de $100,000. Asegúrese de que el banco en que mantiene su cuenta tenga el seguro de la FDIC.

Cuando usted abre su cuenta de banco, se le pedirá que verifique su identidad. Para ello, podrá usar su Tarjeta de residente permanente o su licencia de conducir. También tendrá que entregar al banco cierta cantidad de dinero en depósito (*deposit*) para establecer su cuenta nueva. Después de unos días, podrá sacar dinero de su cuenta. La transacción de retirar dinero se llama en inglés *withdrawing*. Los retiros de dinero se pueden hacer escribiendo un cheque, utilizando una máquina de cajero automático (*Automatic Teller Machine —ATM*) o llenando un formulario de retiro en el banco.

Cómo usar su cuenta bancaria

Usted puede sacar dinero de su cuenta de banco utilizando un cheque personal o una tarjeta de cajero automático. Asegúrese de que solamente usted —y la persona con quien mantiene una cuenta en común, si su cuenta es de ese tipo— tengan acceso a su cuenta.

Cheques personales. Al abrir su cuenta, usted recibirá cierto número de cheques personales —éstos son formularios que se llenan para hacer pagos. Los cheques indican a su banco lo que debe pagar a la persona o al negocio nombrado en el cheque. Mantenga sus cheques en un lugar seguro.

Tarjetas de cajero automático. Usted puede pedir a su banco que le expida una tarjeta de cajero automático (*ATM card*). Es una tarjeta pequeña de plástico asociada con su cuenta bancaria. Con esta tarjeta, usted puede depositar o retirar dinero de su cuenta utilizando un cajero automático. Generalmente, no hay que pagar ningún cargo por el uso del cajero automático de su propio banco. Si utiliza el cajero automático de otro banco, es posible que necesite pagar un cargo.

El personal del banco le enseñará a utilizar su tarjeta de cajero automático y le dará un número especial de identificación personal (*personal identification number* —PIN) para utilizar en un cajero automático. Tenga cuidado al utilizar los cajeros automáticos. No le diga a nadie su número de identificación personal ni le dé su tarjeta de cajero automático. Esa persona podría utilizar esta información para retirar dinero de la cuenta de banco de usted.

Tarjetas de débito. Es posible que su banco le expida una tarjeta de débito (*debit card*) para que la utilice con su cuenta de cheques. A veces, su tarjeta de cajero automático también puede utilizarse como tarjeta de débito. Las tarjetas de débito le permiten hacer pagos sin escribir cheques, porque el banco hará los pagos directamente de su cuenta a los negocios en que usted realizó las compras.

Cheques expedidos por el banco. Los cheques expedidos por el banco (*bank checks*) son cheques que el banco escribe a solicitud suya. Usted entrega el dinero al banco y el personal del banco gira un cheque por esa cantidad de dinero en favor de la persona o del negocio al que usted desea enviar ese cheque. Los bancos pueden cobrarle por el servicio de expedir este tipo de cheque.

TARJETAS DE CRÉDITO

Sus tarjetas de crédito —también llamadas en inglés *charge cards*— le permitirán hacer compras y pagarlas después. Los bancos, los almacenes y las gasolineras son algunos de los negocios que expiden tarjetas de crédito. Usted recibirá mensualmente por correo una cuenta por las compras que hizo con su tarjeta de crédito. Si al recibir su cuenta la paga en su totalidad, no tendrá que pagar intereses. Si no la paga en su totalidad o si se atrasa en enviar su pago, se le cobrará intereses y posiblemente habrá un cargo adicional. Algunas tarjetas de crédito tienen tasas de interés muy altas.

Tenga cuidado al dar el número de su tarjeta de crédito a otras personas, particularmente si lo hace por teléfono o en la Internet. Asegúrese de conocer a la persona o al negocio al que da esta información y de poder darle su confianza.

CONSEJO PRÁCTICO: Examine el estado de cuenta de su tarjeta de crédito cada mes para asegurarse de que todos los cargos sean correctos. Si ve un cargo por una compra que usted no hizo, llame de inmediato a la compañía de tarjeta de crédito. Generalmente, si notifica a la compañía sin demora que un cargo que usted no hizo aparece en su estado de cuenta, no tendrá la obligación de pagar ese cargo.

Anote los números de todas sus cuentas de banco y de todas sus tarjetas de débito, de cajero automático y de crédito. Anote también los teléfonos de las compañías que se las expidieron. Mantenga esta información en un lugar seguro. Si le roban o si usted pierde su billetera, puede llamar a las compañías y cancelar todas sus tarjetas. Esto evitará que otra persona las use ilegalmente.

SU CLASIFICACIÓN CREDITICIA

En los Estados Unidos, la manera en que usted maneja el crédito es muy importante. Existen empresas que crean una puntuación o clasificación crediticia (*credit rating*) basada en la manera en que usted paga sus cuentas, el número de préstamos que obtiene y otros factores. Esta evaluación es muy importante cuando usted quiera comprar una casa o un auto, u obtener dinero prestado. Las siguientes son algunas de las medidas que usted puede tomar para recibir una buena clasificación crediticia:

- Pague todas sus cuentas a tiempo.

- Mantenga bajos los saldos de sus tarjetas de crédito. Pague por lo menos el monto mínimo que debe pagar todos todos los meses.

- No solicite muchos préstamos ni tarjetas de crédito.

Conforme a las leyes federales, usted puede obtener una copia gratis de su clasificación crediticia una vez al año. Si desea recibir una copia de esta evaluación, llame al 1-877-322-8228, o visite el siguiente sitio en la web: http://www.annualcreditreport.com.

Cómo encontrar empleo

Hay muchas maneras de buscar empleo en los Estados Unidos. Para aumentar sus posibilidades de encontrar empleo, usted puede:

- Preguntar a sus amistades, vecinos, familiares u otras personas en su comunidad sobre oportunidades de empleo o buenos lugares para trabajar

- Buscar en la sección de avisos clasificados del periódico bajo *Employment*

- Buscar en las ventanas de los negocios locales letreros que ofrezcan empleo (*Help Wanted*)

- Visitar las oficinas de empleo o de recursos humanos de empresas en su comunidad para preguntar si hay puestos vacantes

- Visitar a las agencias comunitarias que ofrecen ayuda a los inmigrantes para encontrar empleos o programas de capacitación laboral

- Examinar los tableros de anuncios públicos en bibliotecas, supermercados y centros comunitarios locales para ver si hay avisos de puestos vacantes

- Consultar al departamento de servicios laborales en su estado

- Buscar empleo utilizando la Internet. Si va a utilizar una computadora en la biblioteca, el personal de la biblioteca puede ayudarle a iniciar su búsqueda.

La solicitud de empleo

La mayoría de las empresas le pedirán que llene una solicitud de empleo. Este es un formulario con preguntas sobre su dirección, educación y experiencia laboral. Es posible que le pidan información sobre las personas con las que ha trabajado antes (*references*). El empleador quizá quiera llamar a las personas que usted haya nombrado para hacerles preguntas acerca de usted.

Es posible que usted necesite crear un currículum, o sea, una lista de sus experiencias de trabajo (*resumé*). Su currículum ofrecerá información a su posible empleador sobre sus empleos anteriores, su educación o capacitación laboral y sus aptitudes. Presente su currículum cuando solicite empleo.

Un buen currículum:

- Tendrá su nombre, dirección y número de teléfono

- Mencionará sus empleos anteriores y las fechas en que los desempeñó

- Indicará su nivel de educación

- Mencionará sus aptitudes especiales

- Será fácil de leer y no tendrá errores.

Consulte con las agencias de servicio comunitario en el área donde usted vive para ver si le pueden ayudar a preparar su currículum. Hay servicios privados que pueden ayudarle también con esta tarea, pero le cobrarán por el servicio.

La entrevista de empleo

Es posible que los empleadores quieran entrevistarle para conversar con usted sobre el empleo. Le harán preguntas sobre sus empleos anteriores y sobre sus aptitudes. Usted puede prepararse para estas entrevistas, ensayando sus respuestas con una amistad o familiar. Durante la entrevista, usted puede también hacerle preguntas al empleador. Ésta es una buena oportunidad para enterarse de las condiciones del empleo.

¿EN QUÉ CONSISTEN LOS BENEFICIOS?

Algunos empleadores ofrecen, además del sueldo, ciertos beneficios (*benefits*). Los beneficios posiblemente incluirán:

- Atención médica

- Atención dental

- Atención para la vista

- Seguro de vida

- Plan de jubilación

Los empleadores pueden pagar parte o todos los costos de estos beneficios. Pida información sobre las prestaciones que el empleador ofrece.

Usted posiblemente querrá hacer las siguientes preguntas:

- ¿Cuál es el horario de trabajo?

- ¿Cuál es el sueldo o salario del puesto? (Las leyes de los Estados Unidos exigen que la mayoría de los empleadores paguen un salario mínimo (*minimum wage*), el cual es la compensación más baja permitida).

- ¿Cuántos días de vacaciones hay?

- ¿Cuántos días de licencia por enfermedad hay?

- ¿Qué beneficios se ofrecen con el puesto?

Durante la entrevista, es posible que un empleador le haga muchas preguntas. Pero hay ciertas preguntas que no se les

CONOZCA SUS DERECHOS: LAS LEYES FEDERALES PROTEGEN A LOS EMPLEADOS

Hay varias leyes federales que prohíben que los empleadores discriminen a las personas que buscan empleo. Las leyes de nuestro país prohíben la discriminación por motivo de:

- Raza, color, religión, país de origen y sexo (Ley de Derechos Civiles —*Civil Rights Act*)
- Edad (Ley contra la discriminación en el empleo por motivo de edad —*Age Discrimination in Employment Act*)
- Discapacidades (Ley de protección para personas con discapacidades —*Americans with Disabilities Act*)
- Género (Ley de igualdad salarial —*Equal Pay Act*).

Para obtener más información acerca de estas protecciones legales, consulte el sitio en la web de la Comisión de Igualdad de Oportunidades de Empleo de los Estados Unidos (*U.S. Equal Employment Opportunity Commission*): http://www.eeoc.gov o llame al 1-800-669-4000. Si tiene dificultades para oír, llame al 1-800-669-6820.

Otras leyes contribuyen a mantener la seguridad en los sitios de trabajo, establecen licencias para ausentarse del trabajo en casos de emergencia familiar o médica, y crean fondos para el pago temporal de trabajadores sin empleo. Para obtener más información acerca de sus derechos laborales, visite el sitio en la web del Departamento del Trabajo de los Estados Unidos (*U.S. Department of Labor*): http://www.dol.gov.

permite hacer. No se permite que nadie le haga preguntas sobre su raza, color, sexo, estado civil, religión, país de origen, edad o cualquier discapacidad que usted pueda tener.

Lo que usted puede esperar al obtener un empleo
Al presentarse a trabajar por vez primera, se le pedirá que llene ciertos formularios, entre ellos:

• El Formulario I-9, *Employment Eligibility Verification Form* (Formulario de verificación de elegibilidad para el empleo). Por ley, su empleador debe asegurarse de que todos las personas recién empleadas sean elegibles para trabajar en los Estados Unidos. En su primer día de trabajo, usted deberá llenar el Formulario I-9. Dentro de tres días hábiles, deberá mostrar a su empleador sus documentos de identidad y la documentación que le autoriza para trabajar. Usted puede escoger los documentos que desee presentar como constancia de su autorización para trabajar en el país, siempre que sus títulos aparezcan en el Formulario I-9. La lista de los documentos aceptables aparece al dorso del Formulario I-9. Entre los documentos aceptables están su Tarjeta de residente permanente o su tarjeta de Seguridad Social sin restricciones, junto con una licencia para conducir automóviles expedida por el estado donde vive.

• El Formulario W-4, *Employee's Withholding Allowance Certificate* (Certificado de retención de impuestos del/de la empleado/a). Su empleador deberá retener dinero de su cheque de pago y enviarlo al gobierno para pagar impuestos federales. En inglés este dinero se conoce como *withholding tax*. El formulario W-4 ordena a su empleador a retener dinero para el pago de impuestos y le ayuda a usted a determinar el monto correcto que su empleador debe retener.

• Otros formularios. Es posible que usted deba completar también un formulario de retención de dinero para pagar los impuestos del estado donde usted reside y otros formularios que le permitan recibir sus beneficios laborales.

Es posible que usted reciba su sueldo semanalmente, cada dos semanas o mensualmente. Su cheque de pago indicará los montos deducidos para el pago de los impuestos federales y estatales, del impuesto del Seguro Social, y de los beneficios laborales que a usted le corresponda pagar. Algunos empleadores enviarán su cheque de pago directamente a su banco mediante el sistema de depósito directo (*direct deposit*).

El uso del idioma inglés en el trabajo
Si usted no habla inglés, trate de aprenderlo lo antes posible.
Podrá encontrar clases de inglés gratis o a un precio reducido
en su comunidad. Con frecuencia, estas clases las ofrecen las
escuelas públicas locales o las instituciones de enseñanza
superior en la comunidad. El dominio del inglés le ayudará
en su empleo, en su comunidad y en su vida diaria. Consulte
la página 60 para obtener más información sobre el
aprendizaje del inglés.

Si su empleador/a le dice que usted tendrá la obligación de
hablar inglés en el trabajo, él o ella deberá demostrar que es
esencial hablar inglés para realizar el trabajo correctamente. Su

PROTECCIÓN DEL GOBIERNO FEDERAL PARA TRABAJADORES INMIGRANTES

Conforme a las leyes federales, los empleadores no deben discriminar a nadie debido a su condición de inmigrante. A los empleadores se les prohíbe:

- Negarse a emplearle, o despedirle de su empleo, debido a su condición de inmigrante o porque usted no tiene la ciudadanía norteamericana

- Exigirle que presente una Tarjeta de residente permanente, o rechazar los documentos legales que le permiten trabajar

- Emplear preferentemente a trabajadores indocumentados

- Discriminarle a usted por motivo de su origen nacional (o su país de origen)

- Tomar represalias contra cualquier empleado o empleada que se queje de alguno de los tratos anteriores.

Para obtener más información acerca de sus derechos, o para presentar una queja, llame a la Oficina del Consejero Especial (*Office of Special Counsel*) al 1-800 255-7688 o, si tiene dificultades para oír, llame al 1-800 237-2515. Si usted no habla inglés, habrá intérpretes a su disposición para ayudarle. Para obtener más información, puede visitar también el siguiente sitio en la web: http://www.usdoj.gov/crt/osc.

empleador deberá informarle, antes de darle el empleo, que el puesto exige que usted hable inglés. Si su empleador no puede demostrar la necesidad de hablar inglés para desempeñar el puesto, es posible que esté violando una ley federal. Si usted necesita ayuda o más información, comuníquese con la Comisión de Igualdad de Oportunidades de Empleo de los Estados Unidos (*U.S. Equal Employment Opportunity Commision —EEOC*). Llame al 1-800-669-4000 o, si tiene dificultades para oír, llame al 1-800-669-6820; o bien, visite el siguiente sitio en la web: http://www.eeoc.gov.

Pruebas para detectar drogas y verificación de antecedentes Para algunos puestos, es posible que sea necesario someterse a una prueba para verificar que usted no ha estado consumiendo drogas ilegales. Para algunos puestos, se exige una investigación de sus antecedentes, la cual incluirá sus actividades en el pasado y sus circunstancias presentes.

Cómo pagar sus impuestos

Los impuestos son el dinero que los ciudadanos de los Estados Unidos y las personas residentes en nuestro país pagan a los gobiernos federales, estatales y locales. Con el dinero de los impuestos se pagan los servicios que el gobierno ofrece. Hay distintos tipos de impuestos, tales como los impuestos sobre la renta, los impuestos sobre las ventas y los impuestos sobre la propiedad.

Los impuestos sobre la renta. Éstos son los impuestos que se pagan al gobierno federal y, en ciertos casos, a los gobiernos estatales y locales por sus ingresos. Los ingresos gravables (*taxable income*) son el dinero que usted recibe como sueldo, por el trabajo que realice independientemente, por las propinas que recibe y por la venta de bienes. La mayoría de las personas pagan sus impuestos sobre la renta mediante la retención de dinero de su cheque de pago. El monto de sus impuestos sobre la renta dependerá de los ingresos que usted tenga. Las tasas de impuestos son más bajas para las personas que ganan menos. Cualquier persona que reciba ingresos, resida en los Estados Unidos y cumpla con ciertos requisitos tiene la obligación de presentar una declaración de impuestos y pagar los impuestos que le corresponda pagar.

El Servicio de Impuestos Internos (*Internal Revenue Service —IRS*) es la dependencia del gobierno federal que cobra los impuestos sobre la renta. Los contribuyentes utilizan el Formulario 1040 para preparar su declaración anual de impuestos sobre la renta (*income tax return*). Su declaración de impuestos informa al gobierno los ingresos que tuvo y el monto deducido de su cheque de pago para pagar sus impuestos. Si las deducciones fueron demasiado altas, usted recibirá un reembolso. Si sus deducciones fueron más bajas de lo debido, tendrá que enviar un pago al IRS.

Sus impuestos de Seguro Social y de Medicare. Éstos son impuestos federales que se deducen de su cheque de pago. El Seguro Social ofrece beneficios a ciertos trabajadores jubilados y a sus familias; a ciertas personas discapacitadas y a sus familias; y a ciertos miembros de las familias de trabajadores fallecidos. Los impuestos de Medicare pagan servicios médicos prestados a la mayoría de las personas que tienen más de 65

años de edad. En la mayoría de los casos, usted debe haber trabajado durante un total de 10 años (o 40 trimestres) durante su vida para recibir los beneficios de jubilación ofrecidos por el Seguro Social y los beneficios de atención médica ofrecidos por Medicare. Es posible que necesite haber trabajado menos de 10 años para obtener beneficios por discapacidad o para que su familia reciba beneficios de sobreviviente basados en los ingresos de usted.

Impuestos sobre las ventas. Éstos son impuestos estatales y locales que se agregan al costo de ciertas cosas que usted compra. Los impuestos sobre las ventas se basan en el precio del artículo comprado. Los fondos obtenidos con estos impuestos contribuyen al pago de servicios prestados por los gobiernos estatales y locales, como, por ejemplo, servicios de carreteras, de policía y de bomberos.

SU FORMULARIO W-2: DECLARACIÓN DE INGRESOS E IMPUESTOS

| f Employee's address and ZIP code |
| 15 State   Employer's state ID number |

W-2 Form **Wage and Tax Statement**

Copy A For Social Security Administration entire page with Form W-3 to the Social S Administration; photocopies are not accep

Este formulario federal detalla sus ingresos y los impuestos que usted pagó durante el año fiscal anterior. Para los efectos del pago de impuestos, el año fiscal comienza el 1ro de enero y termina el 31 de diciembre de cada año. Su empleador tiene la obligación legal de enviarle su formulario W-2 antes del 31 de enero todos los años. Usted recibirá un formulario W-2 por cada empleo que haya tenido durante el año. Al presentar su declaración de impuestos federales, envíe con ella una copia de este formulario al IRS. Si usted vive o trabaja en un estado que recauda impuestos estatales sobre la renta, deberá enviar también una copia de su W-2 con su declaración de impuestos estatales.

Impuestos sobre la propiedad. Éstos son impuestos estatales y locales basados en el valor de su casa y de su terreno. Generalmente, los impuestos sobre la propiedad se utilizan para ayudar a financiar las escuelas públicas locales y otros servicios.

Cómo obtener ayuda con sus impuestos

Como residente permanente, usted tiene la obligación de presentar una declaración de impuestos federales sobre la renta todos los años. Esta declaración incluye sus ingresos desde el mes de enero hasta el mes de diciembre del año anterior. Esta declaración la deberá enviar el 15 de abril a más tardar. Usted podrá obtener ayuda gratis con la preparación de su declaración en un Centro de Asistencia para los Contribuyentes (*Taxpayer Assistance Center*) del IRS. No necesitará hacer una cita para obtener ayuda. Estos centros operan en diversas comunidades de todo el país. Para localizar el centro más cercano a su casa, visite el siguiente sitio en la web: http://www.irs.gov/localcontacts/index.html. Para obtener ayuda por teléfono, llame al teléfono para llamadas gratis del IRS, al 1-800-829-1040.

EL GOBIERNO Y NUESTRO BIENESTAR

Los impuestos pagan los servicios que el gobierno federal presta al pueblo de los Estados Unidos. Entre estos servicios se encuentran los siguientes:

- La protección de nuestro país y el mantenimiento de nuestra seguridad
- La prevención y el tratamiento de enfermedades mediante la investigación
- La protección de nuestro dinero al ofrecer garantías de seguro a los bancos
- La educación de niños y de personas adultas
- La construcción y el mantenimiento de caminos y carreteras
- La prestación de servicios médicos a los pobres y a las personas de edad avanzada
- Ayuda de emergencia en casos de desastres naturales, como, por ejemplo, huracanes, inundaciones o terremotos.

Cómo movilizarse dentro de los Estados Unidos

Hay muchas maneras de movilizarse dentro de los Estados Unidos. Muchas ciudades tienen autobuses, trenes urbanos subterráneos (*subways*) o tranvías. Todas las personas pueden utilizar estos medios de transporte a un precio económico. En algunos lugares, es posible comprar un boleto válido para varios viajes en los trenes urbanos o autobuses. También se puede viajar con boletos válidos para un solo viaje. Los taxis son autos comerciales que transportan a las personas a donde deseen ir por una tarifa. Los taxis son más caros que otros tipos de transporte público.

Cómo obtener una licencia de conducir

Es ilegal conducir un vehículo sin licencia. Si usted desea conducir un vehículo, tendrá que solicitar y obtener una licencia. La podrá obtener en el estado donde reside.

Para obtener una licencia de conducir, visite la oficina del estado que expide estas licencias. Estas oficinas tienen nombres diferentes en cada estado. En inglés, las oficinas que expiden licencias reciben nombres tales como los siguientes: *Department of Motor Vehicles (DMV)*, *Department of Transportation*, *Motor Vehicle Administration* o *Department of Public Safety*. Los teléfonos de estas oficinas públicas aparecen en las listas de oficinas estatales de su guía telefónica. Para obtener más información, visite el siguiente sitio en la web: http://www.usa.gov/Topics/Motor_Vehicles.shtml.

LA DECISIÓN DE COMPRAR UN AUTO

La compra de un automóvil puede facilitar su movilidad. En los Estados Unidos, además de comprar el vehículo, es necesario pagar también un seguro, la matrícula del vehículo y las licencias. La congestión del tránsito en algunas ciudades puede dificultar el uso de su auto. Considere los costos y beneficios de tener un auto antes de tomar la decisión de comprarlo.

Algunos residentes permanentes tienen licencias de conducir expedidas en otros países. A veces, es posible cambiar una licencia extranjera por una expedida en el estado donde usted reside. Pregunte en la oficina que expide licencias en su estado si esto es posible.

CONSEJO PRÁCTICO: En los Estados Unidos, la licencia de conducir sirve también como documento de identificación. Le conviene poseer una licencia, aunque no tenga automóvil.

10 CONSEJOS PRÁCTICOS PARA CONDUCIR CON SEGURIDAD EN LOS ESTADOS UNIDOS

- Conduzca en el carril derecho de la vía.
- Tenga siempre a mano su licencia de conducir y la tarjeta de su compañía de seguro automovilístico.
- Abróchese siempre el cinturón de seguridad.
- Haga que los niños usen cinturones de seguridad y asientos de seguridad adecuados.
- Use las señales direccionales de su auto para indicar si va a doblar hacia la izquierda o hacia la derecha.
- Obedezca todas las leyes y señales de tránsito.
- Hágase a un lado de la vía y pare su auto si un vehículo de emergencia —patrullero de policía, camión de bomberos o ambulancia— necesita pasar.
- No pase un autobús escolar cuando las luces rojas del autobús se estén prendiendo y apagando de manera intermitente.
- No conduzca bajo la influencia de bebidas alcohólicas o de medicamentos.
- Conduzca con mucho cuidado cuando encuentre neblina, hielo, lluvia o nieve.

Si no sabe conducir un auto, puede tomar lecciones. Muchos distritos escolares públicos ofrecen clases de conducir (*driver education*). Usted puede también localizar información en la sección de las páginas amarillas de la guía telefónica titulada Driving Instruction.

CONSEJO PRÁCTICO: En los Estados Unidos no se acostumbra a viajar "pidiendo aventones" (*hitchhiking*). En muchos lugares, esta práctica es ilegal. Por motivos de seguridad, no pida ni ofrezca este tipo de favor a nadie.

INFORMACIÓN SOBRE MEDIOS DE TRANSPORTE PARA VIAJAR

Para viajar por autobús:
Greyhound 1-800-229-9424 o
http://www.greyhound.com.

Para viajar por tren:
Amtrak 1-800-872-7245 o
http://www.amtrak.com.

Para viajar por avión: Hay numerosas líneas aéreas en los Estados Unidos. Busque información en la sección titulada *Airlines* de las páginas amarillas de la guía telefónica.

Cómo recibir atención médica

Las personas en los Estados Unidos pagan por su atención médica con sus propios recursos. Como la atención médica es cara, muchas personas compran un seguro de salud. Usted debe obtener un seguro de salud para su protección y la de su familia lo antes posible.

Los empleadores pueden incluir un seguro de salud entre los beneficios que ofrecen a sus empleados. Algunos empleadores pagan toda la prima mensual del seguro de salud y algunos pagan solamente una parte. A esta prima se le llama en inglés *insurance premium*. Es posible que usted deba pagar parte de la prima. Generalmente, los empleadores deducen la parte correspondiente a los empleados de sus cheques de pago.

Los médicos facturan a su compañía de seguro de salud por los servicios prestados. La compañía de seguro de salud pagará entonces una parte o todos los servicios médicos que usted haya recibido. A menudo, usted debe pagar una parte de sus cuentas médicas. Al pago que usted hace se le llama a veces copago (*co-payment*).

CÓMO ENCONTRAR UNA CLÍNICA U OTRO TIPO DE ATENCIÓN MÉDICA

Las clínicas son consultorios médicos que prestan servicios gratis o a precios económicos. La mayoría de las comunidades tienen por lo menos una clínica. Las organizaciones comunitarias que ayudan a los inmigrantes le pueden ayudar a localizar una clínica gratis o económica en su área.

El Departamento de Salud y Servicios Humanos de los Estados Unidos (*U.S. Department of Health and Human Services*) también ofrece servicios de atención médica básica a los inmigrantes. Esta dependencia tiene un sitio en la web que incluye una lista de clínicas y de otras opciones para obtener servicios de atención médica. Para localizar una clínica o un/a médico/a que le quede cerca, visite el siguiente sitio en la web: http://ask.hrsa.gov/pc/. Escriba su estado o código postal para obtener información. También puede buscar información en la sección de las páginas amarillas de su guía telefónica titulada *Social Services*.

Si usted no tiene seguro de salud, quizá pueda obtener ayuda federal o estatal para recibir atención médica. Por lo general, la mayoría de los estados prestan algún tipo de ayuda a niños y a mujeres embarazadas. Infórmese llamando al departamento de salud pública de su estado o ciudad.

Si usted necesita atención médica urgente, podrá acudir a la sala de urgencias de un hospital que le quede cerca. La mayoría de los hospitales tienen la obligación por ley federal de atender a pacientes que requieren atención médica de urgencia, aun cuando los pacientes no tengan los medios para pagar.

Programas para la salud federales y estatales
Medicaid es un programa conjunto del gobierno federal y del gobierno estatal para personas de bajos ingresos. Cada estado tiene sus propias normas de elegibilidad para recibir Medicaid. Este programa paga servicios médicos, tales como consultas médicas y hospitalización. Es posible que los residentes permanentes que ingresaron a los Estados Unidos <u>antes</u> del 22 de agosto de 1996 puedan inscribirse en el programa de Medicaid si cumplen con ciertas condiciones. Los residentes permanentes que ingresaron a los Estados Unidos el 22 de agosto de 1996 <u>o después</u>, posiblemente puedan inscribirse en este programa si han vivido en los Estados Unidos durante 5 años o más y si cumplen con ciertas condiciones.

Medicare es un programa de seguro de salud para personas de 65 años de edad o más, o para personas con discapacidades específicas. Medicare paga los servicios si usted se ha enfermado o lesionado, pero no paga medicamentos recetados, atención rutinaria (como, por ejemplo, exámenes médicos), o servicios de atención dental ni de atención para la vista.

Medicare tiene varias partes, entre ellas, la Parte A, la Parte B y la cobertura para medicamentos con receta médica. La Parte A es gratis y paga las hospitalizaciones y las estadías en clínicas de

reposo (*nursing homes*) certificadas por Medicare. La Parte B paga las consultas médicas, los servicios de ambulancia, las pruebas y la atención para pacientes no hospitalizados. Para obtener la protección incluida en la Parte B, es necesario pagar un cargo mensual. La cobertura para medicamentos con receta médica ayuda a pagar los costos de medicamentos recetados por los médicos para el tratamiento de enfermedades. La inscripción en un plan de Medicare de cobertura para medicamentos con receta médica es voluntaria, y es necesario pagar un cargo mensual adicional por esta cobertura.

Los residentes permanentes pueden recibir la Parte A, la Parte B y la cobertura para medicamentos con receta médica de Medicare si cumplen con ciertas condiciones. Las personas que tengan 65 años de edad o más se inscriben automáticamente en el programa de Medicare cuando comienzan a recibir sus beneficios de jubilación del Seguro Social. Si usted no tiene 65 años de edad pero es elegible por otras razones, llame a las oficinas del Seguro Social que le quede más cerca para obtener información sobre la manera de inscribirse. Por lo general, para obtener beneficios de Medicare, usted deberá haber trabajado en los Estados Unidos por un período de 10 años (o 40 trimestres) durante su vida. Para obtener más información, cargue en su computadora la publicación titulada en inglés *Medicare & You* (Medicare y Usted); la puede obtener en inglés, en el sitio en la web de Medicare: http://www.medicare.gov/publications/pubs/pdf/10050.pdf.

El Programa Estatal de Seguro de Salud para Niños (*State Children's Health Insurance Program —SCHIP*) Este programa puede ofrecer a sus hijos atención médica gratis o a bajo costo si cumplen con ciertas condiciones. Todos los estados tienen un programa de seguro de salud para bebés,

MÁS INFORMACIÓN SOBRE EL PROGRAMA SCHIP

Cada estado tiene sus propias normas para el programa SCHIP. Usted debe enterarse del programa en su estado. Para hacerlo, llame al 1-877-543-7669 o visite el siguiente sitio en la web: http://www.insurekidsnow.gov. Escriba el nombre de su estado al iniciar su visita al sitio.

niños y adolescentes. Este seguro paga las consultas médicas, los medicamentos recetados, la hospitalización y otros servicios de atención médica. En la mayoría de los estados, los menores sin seguro de salud son elegibles hasta llegar a los 18 años de edad si sus familias cumplen con ciertos límites de ingresos. Los niños pueden obtener servicios gratis o a bajo costo sin afectar la condición como inmigrantes de sus padres o madres.

Otros programas federales de beneficios

Es posible que usted o los miembros de su familia sean elegibles para recibir otros beneficios federales, según su situación inmigratoria, el tiempo que han vivido en los Estados Unidos y sus ingresos.

El programa de cupones para alimentos (*Food Stamps*)
Algunos inmigrantes de bajos ingresos y sus hijos pueden ser elegibles para recibir ayuda en la forma de cupones para alimentos, según su situación inmigratoria, el tiempo que han vivido en los Estados Unidos y sus ingresos. Los cupones de alimentos le permiten obtener ciertos alimentos gratis en los supermercados. Algunos estados tienen sus propios programas de cupones de alimentos financiados por el estado, y estos programas pueden tener diferentes normas de elegibilidad.

Para obtener información en 36 idiomas acerca de la elegibilidad para el programa federal de cupones para alimentos, visite el sitio en la web del Servicio de Alimentos y Nutrición de los Estados Unidos (*U.S. Food and Nutrition Service*): http://www.fns.usda.gov/fsp/outreach/translations.htm.

Servicios para sobrevivientes de la violencia doméstica
Los inmigrantes y sus hijos que sean sobrevivientes de la violencia doméstica pueden ser elegibles para recibir beneficios y servicios federales, como, por ejemplo, albergues para mujeres maltratadas o cupones para alimentos. Para obtener más información sobre estos servicios, visite el sitio en la web del Departamento de Salud y Servicios Humanos de los Estados Unidos (*U.S. Department of Health and Human Services*): http://www.hhs.gov/ocr/immigration/bifsltr.html.

Asistencia Temporal para Familias Necesitadas
Este programa, llamado en inglés *Temporary Assistance for Needy Families* —TANF, es un programa federal que asigna fondos a los estados para que presten ayuda y ofrezcan oportunidades de empleo a familias de bajos ingresos. La elegibilidad de los inmigrantes depende de su situación inmigratoria, el tiempo que han vivido en los Estados Unidos y sus ingresos. Los programas varían de un

estado a otro. Algunos estados tienen sus propios programas para este tipo de asistencia. Para obtener enlaces e información sobre TANF, visite el siguiente sitio en la web: http://www.acf.dhhs.gov/programs/ofa/.

Asistencia a inmigrantes con discapacidades

Los inmigrantes con discapacidades quizá reúnan los requisitos para recibir ayuda de Medicaid, cupones de alimentos e ingresos de seguridad complementarios (*Supplemental Security Income*). Su elegibilidad depende de su situación inmigratoria, del tiempo que hayan vivido en los Estados Unidos y de sus ingresos. Para obtener más información sobre Medicaid y los cupones de alimentos, consulte la página anterior. Para obtener información acerca de los ingresos de seguridad complementarios, visite el siguiente sitio en la web: http://www.socialsecurity.gov/ssi/spotlights/spot-non-citizens.htm.

Centros vocacionales con servicios completos
(*One-Stop Career Centers*)

El gobierno federal financia centros vocacionales que ofrecen información sobre capacitación, asesoría vocacional, oportunidades de empleo y otros servicios relacionados con el empleo. En algunos de estos centros, se ofrecen también clases de inglés como segundo idioma (*English as a Second Language* —ESL) y capacitación laboral para inmigrantes, según su situación inmigratoria y sus ingresos. Para obtener más información acerca de estos centros en el país, visite el siguiente

sitio en la web: http://www.doleta.gov/usworkforce/onestop/onestopmap.cfm.

CONSEJO PRÁCTICO: Usted puede encontrar información sobre servicios que posiblemente estén a su disposición visitando el siguiente sitio en la web: http://www.govbenefits.gov.

La educación y el cuidado de los niños

La educación puede ayudar a usted y a su familia a establecerse en su comunidad. Esta sección describe el sistema educativo para niños, jóvenes y adultos en los Estados Unidos, y contesta algunas de las preguntas que usted pueda tener al respecto. También ofrece sugerencias sobre la manera de obtener los servicios de una persona o guardería infantil confiable si usted tiene niños pequeños en casa y necesita trabajar.

La educación

Para asegurar que todos los niños estén preparados para alcanzar éxito en la vida, la educación pública en los Estados Unidos es gratis. Esta sección le indicará la manera de matricular a sus hijos en la escuela. Se enterará del funcionamiento de las escuelas en el país y de la manera en que usted puede contribuir a la educación de sus hijos.

Cómo matricular a sus hijos en la escuela
La mayoría de las escuelas públicas en los Estados Unidos son mixtas. Esto quiere decir que los niños y las niñas estudian juntos. En los Estados Unidos hay leyes de asistencia obligatoria a la escuela. Por eso, en la mayoría de los estados, las leyes estatales exigen que todos los niños entre las edades de 5 y 16 años asistan a la escuela. Llame al departamento de educación de su estado para averiguar las edades entre las cuales es obligatorio que los niños vayan a la escuela.

Sus hijos pueden asistir a una escuela pública o privada. En la mayoría de los estados, usted también puede educar a sus hijos en casa. Esta práctica se conoce en inglés con el nombre de home schooling. La asistencia a las escuelas públicas es gratis y no hay instrucción religiosa en ellas. El estado decide lo que sus hijos aprenderán en las escuelas públicas.

Sin embargo, los maestros, las madres y los padres de la comunidad deciden cómo se enseñarán las materias. Sus impuestos federales y estatales sobre la renta, y sus impuestos sobre la propiedad financian la operación de las escuelas.

Los estudiantes deben pagar una matrícula para asistir a las escuelas privadas. Muchas de estas escuelas las administran grupos religiosos. Algunas son mixtas. Otras son solamente para niños o para niñas. Algunas ofrecen ayuda económica a estudiantes sin recursos para pagar la matrícula.

La mayoría de los niños asisten a la escuela durante 12 años. Sus hijos serán admitidos a un grado escolar según su edad y el nivel de educación que posean. Es posible que la escuela pida que los alumnos presenten un examen para decidir el grado donde deben estudiar.

LA ORGANIZACIÓN DE LA MAYORÍA DE LAS ESCUELAS DE LOS ESTADOS UNIDOS

Escuela primaria
Kindergarten y del 1ro al 5to grado
Niños de entre 5 y 10 años
de edad

Escuela intermedia
Del 6to al 8vo grado
Niños de entre 11 y 13 años
de edad

Escuela secundaria
Del 9no al 12vo grado
Jóvenes de entre 14 y 18 años
de edad

Instituciones de educación superior
públicas o privadas:
Colegios de enseñanza superior
de dos o cuatro años, universidades,
escuelas técnicas
a las que pueden asistir
todos los adultos

Una de las primeras cosas que usted debe hacer es matricular a sus hijos en una escuela. Éstas son algunas de las preguntas formuladas con frecuencia por padres y madres en relación con las escuelas públicas:

P: ¿Cuánto dura el año escolar?

R: El año escolar generalmente comienza en agosto o septiembre y termina en mayo o junio. En algunos lugares, los niños asisten a clases durante todo el año. Los niños van a la escuela de lunes a viernes. Algunas escuelas ofrecen programas antes o después de las horas de clase regulares a niños cuyos padres trabajan. Es posible que usted tenga que pagar una cuota para estos programas.

P: ¿Dónde puedo matricular a mis hijos?

R: Llame a la oficina principal de su distrito escolar local, o visítela, para averiguar a qué escuela deben asistir sus hijos. Informe al personal de la escuela las edades de sus hijos y su dirección.

P: ¿Qué documentos necesito para completar la matrícula de mis hijos?

R: Necesita el historial médico de cada hijo o hija y constancias de que ha recibido las vacunas para protegerle contra ciertas enfermedades. Tal vez necesite también comprobar que vive en la comunidad donde está ubicada la escuela. Si usted ha perdido estos documentos, pida al personal de la escuela información sobre la manera de obtener documentos nuevos. Para evitar demoras, hágalo antes de iniciar el proceso de la matrícula.

P: ¿Qué pasa si mis hijos no hablan inglés?

R: La escuela tiene la responsabilidad de evaluarles y de colocarles en un programa adecuado. Las escuelas reciben fondos estatales y federales para programas y servicios de inglés como segundo idioma (*English as a Second Language* —ESL) y para la educación bilingüe. Usted puede llamar a la escuela para pedir información sobre las pruebas de evaluación, la colocación y los servicios ofrecidos. Aun si sus hijos no hablen inglés, deben aprender las materias académicas de su grado. Esto se hace posible por medio del programa ESL o de la educación bilingüe.

P: ¿Qué pasa si mi hijo o hija tiene alguna discapacidad?

R: Los estudiantes con alguna discapacidad física o mental pueden recibir educación pública gratis, al igual que los niños sin discapacidades. Si es posible, se colocará a estos niños en un aula regular. Si la discapacidad es severa, es posible que reciban servicios educativos especiales fuera del aula regular. Para encontrar más información sobre la manera de obtener acceso a estos servicios, a través de su Consejo Estatal, visite el siguiente sitio en la web: http://www.acf.hhs.gov/programs/add/states/ddcs.html.

P: Mis hijos no asistieron a la escuela antes de venir a los Estados Unidos. ¿Durante cuánto tiempo podrán asistir a una escuela pública gratis?

R: En la mayoría de los estados, sus hijos podrán asistir a la escuela gratis hasta que tengan 21 años de edad. Si no se han graduado de la escuela secundaria al llegar a esta edad, podrán entonces matricularse en clases de educación para adultos con el fin de obtener un certificado de Desarrollo Educativo General (*General Educational Development* —GED) en vez de un diploma de escuela secundaria. Llame a las oficinas de su distrito escolar local o al departamento de educación de su estado para averiguar dónde se ofrecen clases para el certificado GED.

P: ¿Cómo podrán ir mis hijos a la escuela?

R: En los Estados Unidos, algunos niños pueden llegar a la escuela caminando. Si la escuela queda demasiado lejos, van en autobús. Las escuelas públicas tienen autobuses que prestan servicios gratis. Los autobuses recogen a los estudiantes y los dejan en una parada para autobuses escolares cerca de su casa. Para averiguar si su hijo o hija puede tomar el autobús, comuníquese con su sistema escolar local. Si usted tiene automóvil, también puede organizar un sistema de transporte compartido (*car pool*) y turnarse con otras familias de su área para llevar a los niños a la escuela.

P: ¿Qué comerán mis hijos en la escuela?

R: Los niños pueden llevar su almuerzo a la escuela o comprarlo en la cafetería de la escuela. El gobierno de los Estados Unidos también ofrece desayunos y almuerzos nutritivos, gratis o a un precio bajo, a los niños sin recursos para comprar sus alimentos en la escuela. Llame a la escuela o visítela para averiguar si participa en el programa federal de comidas escolares (*School Meals*). Hable con el personal de la escuela para averiguar si sus hijos son elegibles para participar en este programa.

EL PROGRAMA FEDERAL DE COMIDAS ESCOLARES

Los niños aprenden mejor cuando están bien alimentados. Para mejorar el aprendizaje, el gobierno de los Estados Unidos ofrece comidas sanas a bajo costo o gratis a más de 26 millones de niños, todos los días de escuela. La participación en el Programa de Desayunos Escolares (*School Breakfast Program*) y en el Programa Nacional de Almuerzos Escolares (*National School Lunch Program*) depende de los ingresos de la familia y del número de miembros en ella. El Programa Especial de Leche (*Special Milk Program*) ofrece leche a niños que no participan en otros programas federales de comidas escolares. Para obtener más información acerca de estos programas, consulte el sitio en la web del Departamento de Agricultura de los Estados Unidos: http://www.fns.usda.gov/cnd/.

P: ¿Quién paga los libros y las actividades escolares?

R: Las escuelas públicas generalmente proporcionan los libros gratis. Los estudiantes normalmente deben comprar sus propios útiles escolares, como papel y lápiz. Si usted no puede comprar los útiles que sus hijos necesitan, comuníquese con la escuela. En algunas escuelas se cobra una pequeña cuota por útiles o por eventos especiales, tales como paseos escolares. Muchas escuelas ofrecen programas de deportes y música después de las clases. Es posible que usted deba pagar una cuota para que sus hijos participen en algunos de estos programas.

P: ¿Qué aprenderán mis hijos?

R: Cada estado establece sus propias normas académicas para las escuelas. Estas normas definen lo que todos los estudiantes deben saber y ser capaces de hacer. Los distritos escolares locales deciden cómo se enseñarán las materias. En la mayoría de las escuelas se enseña inglés, matemáticas, ciencias sociales, ciencias y educación física. A veces se ofrecen también clases de arte, música e idiomas extranjeros.

P: ¿Cómo se evaluará el rendimiento escolar de mis hijos?

R: Los maestros asignan calificaciones según el trabajo que cada alumno o alumna realice durante el año escolar. Las calificaciones se basan generalmente en las tareas, las pruebas, la asistencia y la conducta en la clase. Usted recibirá un boletín de calificaciones (*report card*) varias veces al año. Este boletín le indicará el progreso de su hijo o hija en cada materia. Las escuelas tienen maneras diferentes de evaluar a los estudiantes. Algunas dan calificaciones usando letras, en las que una A o A+ significa excelencia y una D o F significa deficiencia o fracaso. Otras escuelas dan calificaciones utilizando números. Otras resumen el rendimiento con palabras como "excelente", "satisfactorio" o "necesita mejorar". Pregunte al personal de la escuela qué método utiliza para evaluar el trabajo escolar de los estudiantes.

P: ¿Cómo hago para hablar con los maestros de mis hijos?

R: La mayoría de las escuelas programan sesiones regulares para que los padres y las madres se reúnan con los maestros. Usted puede también pedir citas para hablar con los maestros o administradores de la escuela y enterarse cómo le va a su hijo o hija. Si no habla inglés, pregunte si alguien en la escuela habla su idioma y puede servirle de intérprete.

P: ¿Qué pasa si mis hijos no asisten a la escuela?

R: Asistir a la escuela es muy importante. Si un niño o una niña falta a la escuela, su padre o madre debe enviar una carta al maestro o llamar a la escuela para explicar la ausencia. Informe al maestro o a la maestra por adelantado si usted sabe que va a ocurrir una ausencia. Los estudiantes generalmente deben completar el trabajo escolar que dejaron de hacer durante una ausencia.

LO QUE USTED PUEDE HACER PARA AYUDAR

La mayoría de las escuelas públicas y privadas tienen una Asociación de Padres, Madres y Maestros (*Parent Teacher Association —PTA*) o una Organización de Padres, Madres y Maestros (*Parent Teacher Organization —PTO*). Tales grupos ayudan a padres y madres a mantenerse al día sobre lo que sucede en la escuela de sus hijos, y a participar en las actividades de la escuela. Cualquier miembro de la familia puede afiliarse y participar, incluso los abuelos. Las PTA/PTO también apoyan a las escuelas al patrocinar actividades especiales y al proporcionar voluntarios para ayudar en las aulas. Usted puede participar aunque no hable muy bien el inglés. Muchas escuelas tienen información preparada específicamente para padres y madres cuyo dominio del inglés es limitado. Llame a la oficina de la escuela o visítela para averiguar cuándo se celebran las reuniones de estas organizaciones y cómo usted puede participar como miembro.

P: ¿Qué pasa si mi hijo o hija tiene problemas de conducta?

R: Muchas escuelas tienen una lista de normas que los estudiantes deben obedecer. Estas normas forman su código de conducta. Pida información sobre el código en la escuela de su hijo o hija. Los estudiantes que violan las normas de la escuela pueden recibir como castigo una "detención" en la escuela después de las horas de clase regulares. También es posible que se les prohiba participar en deportes u otras actividades escolares. El castigo corporal NO está permitido en la mayoría de las escuelas de los Estados Unidos.

Los niños pueden quedar suspendidos o expulsados de la escuela si su comportamiento es muy malo y si violan a menudo las normas de la escuela. Si su hijo o hija recibe un castigo de expulsión, no podrá asistir a la escuela. Usted deberá reunirse con el personal de la escuela para averiguar lo que será necesario para que él o ella pueda reingresar a la escuela.

P: ¿Qué grado de seguridad tienen los alumnos en la escuela?

R: La mayoría de las escuelas públicas de los Estados Unidos son lugares seguros. Pero algunas escuelas —principalmente las escuelas secundarias— tienen problemas de violencia, pandillas o drogas y alcohol. Si le inquieta el nivel de seguridad de su hijo o hija en la escuela, comuníquese con su maestro o consejero, o con un miembro de la administración de la escuela.

Instituciones de educación superior

Los adultos jóvenes pueden continuar su educación estudiando por dos años en un colegio de enseñanza superior o en una escuela de capacitación técnica, o estudiando por cuatro años en una institución de educación superior de otro tipo. Hay instituciones de educación superior públicas y privadas. Cuesta menos cursar estudios en un colegio de enseñanza superior o universidad pública que en una institución privada, particularmente si los estudiantes son residentes del estado donde están ubicadas estas instituciones. Los adultos jóvenes también pueden optar por ir a centros para aprender oficios específicos, tales como reparar computadoras o prestar servicios auxiliares de atención para la salud.

Los estudiantes de educación superior seleccionan un campo específico para estudiarlo a fondo (este campo es su *major*). Esta selección les ayuda a prepararse para conseguir empleo o para cursar estudios adicionales en ese campo.

Tipo de título	Tipo de escuela	Años de estudio
Certificado	Colegio de enseñanza superior/Escuela de capacitación técnica	Seis meses a dos años
Título de Asociado	Colegio de enseñanza superior	Dos años
Licenciatura	Institución de educación superior de cuatro años	Cuatro años
Maestría	Universidad	Dos años de postgrado
Doctorado	Universidad	Dos a ocho años de postgrado
Título Profesional	Escuela especializada	Dos a cinco años

Una educación superior o universitaria puede ser costosa. Algunas instituciones de educación superior ofrecen ayuda económica en la forma de becas. El gobierno de los Estados Unidos también ofrece ayuda financiera a los estudiantes. La mayoría de los estudiantes obtienen préstamos, o solicitan ayuda financiera o becas para pagar sus estudios. Ciertas becas y subvenciones se otorgan solamente a ciudadanos de los EE. UU.

Ayuda financiera federal para estudiantes universitarios
El gobierno de los Estados Unidos ofrece ayuda financiera a los estudiantes matriculados en ciertas instituciones de educación superior. Esta ayuda paga muchos de los gastos escolares, entre ellos la matrícula y otros cargos similares, los libros, el alojamiento, la comida, los útiles escolares y el transporte. Los estudiantes son elegibles para solicitar esta ayuda según sus necesidades económicas, no según sus calificaciones. Hay tres tipos de ayuda federal:

• Subvenciones —dinero que no es necesario devolver más tarde

• Trabajo durante los estudios —dinero que se gana trabajando durante los años de estudio

• Préstamos —dinero que es necesario devolver más tarde con intereses.

Para obtener más información sobre los programas federales de ayuda financiera, llame al 1-800-433-3243 o consulte el sitio en la web del Departamento de Educación de los Estados Unidos: http://studentaid.ed.gov/students/publications/student_guide/index.html. En este sitio se puede obtener también información en español.

PROTÉJASE CONTRA EL FRAUDE AL BUSCAR AYUDA

Tenga cuidado al buscar información sobre fuentes de ayuda financiera para estudiantes. Evite ofertas exageradas o que le prometen resultados positivos a cambio de dinero. Cada año, las familias pierden millones de dólares por fraudes cometidos con ofertas de becas. Si usted es víctima de un fraude de este tipo, o si desea obtener información gratis, llame al 1-877-382-4357. Si tiene dificultades para oír, llame al 1-866-653-4261. Visite también el sitio en la web de la Comisión Federal de Comercio (*Federal Trade Commission*): http://www.ftc.gov/bcp/conline/edcams/scholarship/index.shtml.

La educación de adultos

El aprendizaje no tiene por qué terminar cuando alguien llega a ser una persona adulta. En los Estados Unidos, se alienta a las personas a que sean estudiantes de por vida. Si usted tiene 16 años de edad o más y no ha terminado su educación secundaria, puede matricularse en clases de Educación Secundaria para Adultos (*Adult Secondary Education —ASE*). Estas clases le prepararán para obtener un certificado de Desarrollo Educativo General (*General Educational Development —GED*).

El certificado de GED es una alternativa al diploma de la escuela secundaria. Es un documento que certifica que la persona ha adquirido conocimientos y destrezas académicas equivalentes a una educación secundaria. Para obtener un certificado de GED, es necesario aprobar exámenes en cinco materias: lectura, redacción, ciencias sociales, ciencias y matemáticas. La mayoría de los empleadores en los Estados Unidos consideran que un título de GED equivale a un diploma de la escuela secundaria. En muchas regiones, las clases de preparación para obtener un certificado de GED son gratis o cuestan poco. Consulte la guía telefónica bajo *Adult Education* (Educación de Adultos) o llame a las oficinas de su distrito escolar local para obtener información.

Muchas personas adultas toman clases para aprender más a fondo una materia que les interesa o para adquirir destrezas nuevas que les puedan ayudar en su empleo. Muchos sistemas escolares públicos y colegios de enseñanza superior ofrecen una gran variedad de cursos para los adultos. Cualquier persona se puede matricular en estas clases, que generalmente cuestan poco. Comuníquese con el sistema escolar o con el colegio de enseñanza superior en su comunidad para averiguar qué clases ofrecen, cuánto cuestan y cómo matricularse.

El aprendizaje del inglés

Hay muchos lugares donde se puede aprender a hablar, leer y escribir en inglés. Muchos niños y adultos se inscriben en clases de inglés como segundo idioma (*English as a Second Language* —ESL). Estas clases ayudan a las personas que no dominan el inglés a aprender este idioma. Estas clases también se conocen como *English for Speakers of Other Languages* (ESOL) (Inglés para personas que hablan otros idiomas) o como *English Literacy* (Alfabetización en inglés).

Los niños que no dominan el inglés lo aprenderán en la escuela. Las escuelas públicas ofrecen ayuda e instrucción a todos los estudiantes que necesitan aprender inglés. A los estudiantes que necesitan ayuda adicional se les denomina generalmente *Limited English Proficient* (LEP) (estudiantes con dominio limitado del inglés).

Los estudiantes que apenas comienzan a aprender inglés pueden tomar una clase de ESL en vez de una clase regular de inglés. Es posible que se coloque a estudiantes con algún dominio del inglés en una clase regular y se les dé ayuda adicional. Algunas escuelas ofrecen también programas después de las horas de clase regulares y clases individuales para ayudar a los estudiantes a aprender inglés. La escuela de

su hijo o hija le puede dar información sobre el tipo de ayuda que ofrece a los estudiantes que necesitan aprender inglés.

Los adultos que no comprenden el inglés pueden matricularse en clases de ESL ofrecidas por un programa de educación pública comunitaria y para adultos, o en una escuela de idiomas privada.

A menudo, los distritos escolares y los colegios de enseñanza superior ofrecen programas de educación pública comunitaria y para personas adultas. En algunos casos, estos programas ofrecen clases de ESL regulares junto con instrucción individual realizada por miembros de la comunidad que ofrecen sus servicios en forma voluntaria. Muchos de estos programas son gratis, pero es posible que sea necesario pagar una cuota reducida. Las clases se ofrecen de día o de noche. Llame a las oficinas del colegio de enseñanza superior o del distrito escolar en su comunidad para encontrar el programa de ESL más cercano a usted. Busque los números de teléfono en la guía telefónica bajo el título *Schools—Public* (Escuelas —Públicas).

La mayoría de las ciudades grandes también tienen escuelas de idiomas privadas que ofrecen clases de ESL de día o de noche. El costo de estas clases se basa con frecuencia en el número de horas de instrucción. Las clases en escuelas de idiomas privadas generalmente cuestan más que las clases en escuelas públicas.

Para obtener información sobre escuelas de idiomas privadas, búsquelas en las páginas amarillas de la guía telefónica bajo el título *Language Schools* (Escuelas de idiomas).

Algunas organizaciones comunitarias, bibliotecas y grupos religiosos también ofrecen clases de ESL gratis o a bajo costo. Pida información en la biblioteca pública, agencia de servicios sociales o iglesia en su comunidad. El personal de la sección de consulta en la biblioteca local también le puede dar información sobre los programas de ESL y enseñarle dónde encontrará los libros, audiocintas, discos compactos y programas computarizados de ESL en la biblioteca.

LLAME AL 211 PARA OBTENER INFORMACIÓN SOBRE SERVICIOS SOCIALES

En muchos estados, es posible ahora llamar al 211 y pedir ayuda para localizar los servicios que necesita. Llame al 211 para averiguar dónde puede inscribirse en clases de ESL en su vecindario. También puede llamar al 211 si necesita ayuda para obtener alimentos o vivienda, o si desea participar en un programa de tratamiento para la drogadicción u obtener otros servicios sociales.

Algunos estados y condados no ofrecen servicios del 211. Si usted llama y nadie contesta la llamada, ello significa que este tipo de servicio no opera todavía en su comunidad.

El cuidado de los niños

Si usted trabaja y sus hijos son demasiado pequeños para asistir a la escuela, posiblemente necesitará encontrar a alguien que los cuide mientras usted está en el trabajo. A veces, los niños que van a la escuela necesitan que alguien los cuide después de las clases si sus padres no pueden estar en casa. Si usted u otros miembros de su familia no pueden cuidar a sus niños, será necesario encontrar a alguien que los atienda. No deje a sus hijos pequeños solos en la casa.

Cómo encontrar servicios para el cuidado de sus hijos
La selección de alguien que atienda a sus hijos es una decisión importante. Al tomar esta decisión, considere la calidad y el costo de la atención. Trate de encontrar a alguien que viva cerca de su casa o de su trabajo.

Hay muchos recursos que usted puede utilizar para encontrar buenos servicios para el cuidado de sus hijos. Pregunte a sus amistades y compañeros de trabajo quiénes cuidan a sus hijos. Algunos estados tienen agencias que ofrecen información sobre servicios y pueden darle una lista de programas para el cuidado de niños autorizados por el estado. Estos programas han recibido una licencia y cumplen con los requisitos específicos establecidos por el estado para la protección de los niños.

También puede llamar a las oficinas de su distrito escolar local para pedir información sobre lugares que ofrecen este tipo de servicio en su vecindario.

CONSEJO PRÁCTICO: Si usted necesita ayuda para encontrar buenos servicios para el cuidado de niños en su área, el Departamento de Salud y Servicios Humanos de los Estados Unidos (*U.S. Department of Health and Human Services*) tiene un Centro Nacional de Información sobre el Cuidado de Niños (*National Child Care Information Center*). Llame al 1-800-616-2242 para obtener información. También puede encontrar información y respuestas a sus preguntas sobre la selección de un buen programa para sus hijos en la siguiente dirección de la web: http://www.childcareaware.org.

TIPOS DE SERVICIOS PARA EL CUIDADO DE NIÑOS

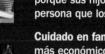

Usted tiene varias opciones al escoger un proveedor de servicios para el cuidado de sus hijos.

Cuidado en casa. Una persona viene a su casa para cuidar a sus hijos. Este tipo de servicio puede ser caro, porque sus hijos reciben más atención individual. La calidad de los servicios de este tipo dependerá de la persona que los presta.

Cuidado en familia. Se realiza en la casa de otra persona con un grupo pequeño de otros niños. Esto puede ser más económico que otros tipos de servicio. La calidad depende de las personas que cuidan a los niños y del número de niños atendidos en esa casa.

Guarderías Infantiles. Las guarderías son programas ubicados en escuelas, iglesias, otras organizaciones religiosas u otros lugares. En las guarderías, hay generalmente varias personas encargadas de cuidar a grupos grandes de niños. Las guarderías deben cumplir con las normas estatales y, por lo general, su personal tiene capacitación especial y experiencia.

Programas *Head Start*. El gobierno federal financia los programas *Early Head Start* y *Head Start* para familias de bajos ingresos. Estos programas ofrecen servicios para el cuidado de niños y otros servicios educativos que preparan a los niños para la escuela. Para obtener más información sobre estos programas, llame al Departamento de Salud y Servicios Humanos de los Estados Unidos (*U.S. Department of Health and Human Services*), al **1-866-763-6481** o visite el siguiente sitio en la web: http://www.acf.hhs.gov/programs/hsb/.

Algunos proveedores de servicios para el cuidado de niños operan todo el día o parte del día, según las necesidades de las familias. El costo también es un factor que usted debe tomar en cuenta al escoger a un proveedor. Averigüe si usted cumple con los requisitos para obtener ayuda federal o estatal para pagar estos servicios. Muchos estados ofrecen ayuda económica a padres y madres de bajos ingresos que trabajan o participan en programas educativos o de capacitación laboral.

CONSEJO PRÁCTICO: Asegúrese de que el proveedor o programa de servicios para el cuidado de sus hijos que usted selecciona tenga licencia o acreditación. La designación *Licensed* significa que el programa cumple con las normas mínimas de seguridad y atención establecidas por el estado. La designación *Accredited* significa que el programa cumple con normas más estrictas que las necesarias para obtener una licencia del estado.

¿Cómo puedo saber si un proveedor de servicios es confiable?

Considere las siguientes preguntas básicas al visitar un programa de servicios para el cuidado de niños.

- ¿Se ven los niños contentos cuando están en compañía del personal?

- ¿Hay juguetes apropiados para la edad de los niños?

- ¿Estaban los niños realizando una actividad apropiada cuando usted los observaba?

- ¿Habló la persona encargada con su hijo o hija mientras usted estuvo presente?

- ¿Está limpia y bien organizada el área donde están los niños?

- ¿Hay algún plan de actividades o una rutina establecida para los niños?

No deje de pedir referencias para poder hablar con otras familias sobre el programa.

Las emergencias y la seguridad

Las emergencias son sucesos inesperados que pueden causar daño a las personas y a la propiedad. Una emergencia le puede suceder a cualquiera y en cualquier momento. Haga planes con tiempo para mantener su seguridad y la de su familia. Esta sección le indica la manera de prepararse para enfrentar emergencias y de obtener ayuda cuando surgen.

Ayuda de urgencia: Llamadas al 911

En los Estados Unidos, se puede llamar al 911 desde cualquier teléfono para obtener ayuda en casos de urgencia. Llame al 911 para:

- Reportar un incendio

- Reportar un delito en curso

- Llamar una ambulancia y recibir ayuda médica de urgencia

- Reportar actividades sospechosas, tales como gritos, llamados de socorro o disparos de armas de fuego.

¿Qué sucederá si llamo al 911?

- Las llamadas al 911 se contestan generalmente en 12 segundos o menos. Es posible que le hagan esperar. ¡No cuelgue el teléfono! Cuando le contestan, habrá un silencio en la línea durante varios segundos. No cuelgue. Espere a que le hablen.

- Si usted no habla inglés, diga qué idioma habla. Probablemente un intérprete participará en la llamada.

- El operador o la operadora del 911 le hará preguntas para determinar cuál es la emergencia y dónde está sucediendo. Mantenga su calma y conteste las preguntas. Trate de permanecer en la línea hasta haber contestado todas las preguntas.

Cuándo <u>NO</u> se debe llamar al 911

Llame al 911 solamente en emergencias graves que amenazan la vida. Si llama al 911 por un motivo equivocado, puede impedir que otra persona reciba la ayuda que necesita. <u>NO</u> llame al 911 para:

• Pedir direcciones para llegar a algún sitio

• Pedir información sobre servicios públicos

• Averiguar si alguien está en la cárcel

• Reportar situaciones que no son de urgencia

• Pedir información sobre el control de animales

• Hablar con la policía sobre algún asunto que no es urgente.

Si usted tiene alguna pregunta para la policía, llame al número del departamento de policía para asuntos que no son de urgencia. Este número aparece en la guía telefónica.

LA APLICACIÓN DE LA LEY EN LOS ESTADOS UNIDOS

En los Estados Unidos, existen agencias federales, estatales y locales encargadas de proteger y mantener el orden público. Los agentes del orden público en su comunidad son la policía o el *sheriff*. Averigüe el número de teléfono de la comisaría que le quede más cerca y mantenga este número cerca de su teléfono. Recuerde que la policía está para proteger a usted y a su familia en caso de peligro. No tema reportar un delito, particularmente si usted es la víctima. Algunos delincuentes se aprovechan de los inmigrantes porque piensan que los inmigrantes no reportarán un delito a la policía. Si le detiene un policía:

• No se asuste. Sea cortés y coopere.

• Si no habla inglés, dígaselo al policía.

• Si está en un automóvil, no salga del automóvil antes de que el policía le diga que salga.

• Mantenga las manos donde las pueda ver el policía. No las meta en los bolsillos ni en otras partes del auto.

Cómo mantener la seguridad de su casa y de su familia

Prepárese para las emergencias antes de que sucedan. A continuación se explican algunas de las cosas que usted puede hacer para su seguridad:

- Asegúrese de que sus puertas tengan buenos cerrojos y manténgalas cerradas en todo momento. No entregue la llave de su casa a personas extrañas. Tenga cuidado al abrir la puerta a personas desconocidas. Pregunte quiénes son y qué desean antes de abrir la puerta.

- Los detectores de humo hacen un ruido fuerte cuando hay humo en su casa o apartamento. Asegúrese de instalar detectores de humo en el cielo raso cerca de los dormitorios y en cada piso de su casa. Cambie las pilas de sus detectores de humo dos veces al año. Examine cada detector una vez al mes para asegurarse de que funcione.

- Entérese de la dirección del hospital, de la comisaría de policía y de la estación de bomberos más cercanos a su casa. Mantenga estos números de teléfono importantes (comisaría, departamento de bomberos y médico) cerca de su teléfono, donde los pueda encontrar fácilmente.

- Averigüe dónde está la válvula principal del gas, el interruptor de la electricidad y la válvula principal del agua en su casa. Asegúrese de saber operarlas manualmente.

- Prepare una caja con artículos para catástrofes. Incluya una linterna, un radio portátil, pilas adicionales, mantas, un botiquín de primeros auxilios, y alimentos enlatados o empacados y agua embotellada suficientes para tres días. Incluya también bolsas de basura, papel higiénico y comida para sus mascotas si es necesario. Mantenga todas estas cosas donde sean fáciles de encontrar.

- Ensaye con su familia la manera de salir de su casa en caso de un incendio u otra emergencia. Asegúrese de que sus hijos reconozcan el sonido de un detector de humo y

sepan lo que deben hacer si lo oyen. Designe un lugar para reunirse con su familia si tiene que abandonar su casa. Escoja un lugar fuera de su casa y otro lugar fuera de su vecindario, en caso de que no pueda regresar a su casa. Pida a una amistad o familiar que viva en otra área que sea la persona principal a quien sus familiares llamarán si quedan separados debido a una emergencia. Asegúrese de

que todos sepan a quién deben llamar y que tengan el número de teléfono de esa persona.

• Pida información sobre los planes de emergencia en la escuela de sus hijos. Asegúrese de que sus hijos sepan lo que deben hacer. Pregunte dónde puede reunirse con sus hijos si surge una emergencia.

LO QUE USTED PUEDE HACER PARA AYUDAR

Para ayudar a mantener la seguridad de su vecindario, llegue a conocer a sus vecinos. Hable con ellos sobre la manera de enfrentar una emergencia en su área. Si tiene vecinos discapacitados, entérese de sus necesidades de ayuda especial.

Muchos vecindarios tienen un servicio llamado *Neighborhood Watch* (Vigilancia de Vecindario). Es un grupo formado por personas del vecindario, quienes se turnan para recorrer las calles de noche con el fin de prevenir actividades criminales. Si en su área hay este servicio, puede ofrecerse para participar en forma voluntaria. Si usted desea organizar un servicio de vigilancia de este tipo, llame al departamento de policía de su comunidad para obtener ayuda. Para obtener más información, visite la siguiente dirección en la web: http://www.usaonwatch.org.

Al contribuir a la seguridad de los demás, usted ayuda a su comunidad y a la nación. Puede participar más en la vida de su comunidad por medio del Consejo de Organizaciones Ciudadanas (*Citizen Corps Council*). Para obtener más información, visite el siguiente sitio en la web: http://www.citizencorps.gov.

Primeros auxilios

Aprenda cómo podrá ayudar a personas en ciertas emergencias, por ejemplo, si alguien está sangrando o asfixiándose. A esta ayuda se le llama en inglés first aid (primeros auxilios). Usted puede tomar una clase de capacitación para dar primeros

auxilios en la Cruz Roja (Red Cross) de su comunidad. Llame a las oficinas de la Cruz Roja local o al Consejo Nacional de Seguridad (National Safety Council) para enterarse de clases ofrecidas en su área. Puede encontrar más información visitando los siguientes sitios en la web: http://www.redcross.org o http://www.nsc.org/train/ec.

Mantenga un botiquín de primeros auxilios en su casa, otro en el trabajo y otro en su automóvil. Un botiquín de primeros auxilios incluye artículos útiles para tratar heridas pequeñas o aliviar el dolor, tales como vendas, paños antisépticos, medicamentos para el dolor, bolsas de hielo instantáneo y guantes desechables. Puede comprar un buen botiquín de primeros auxilios en su farmacia local.

El Centro de Control de Venenos

Muchas productos caseros pueden ser venenosos si se ingieren. Pueden incluir productos para la limpieza, medicamentos, pinturas, alcohol, cosméticos y hasta algunas plantas. Mantenga estos productos fuera del alcance de los niños pequeños.

Si alguien ingiere una sustancia venenosa, comuníquese de inmediato con el Centro de Control de Venenos (Poison Control Center), llamando al 1-800-222-1222. Se puede obtener ayuda las 24 horas del día, los siete días de la semana. Al llamar, tenga a mano la sustancia venenosa. Diga al personal del Centro el nombre de la sustancia. Si no habla inglés, pida que alguien le sirva de intérprete. Las llamadas al Centro de Control de Venenos son confidenciales y gratis.

El Sistema de Alerta de Seguridad Nacional contra atentados terroristas

El Departamento de Seguridad Nacional (*Department of Homeland Security —DHS*) tiene un sistema para ayudar a las personas a comprender el riesgo de un posible atentado terrorista. El sistema utiliza colores diferentes para indicar diferentes niveles de peligro. Estos colores son:

■ **Rojo**. Estado grave. Existe un riesgo grave de que ocurran atentados terroristas. Ya ocurrió o está a punto de ocurrir un atentado.

■ **Anaranjado**. Estado de riesgo alto. Existe un riesgo alto de que ocurran atentados terroristas. No se conocen objetivos específicos.

■ **Amarillo**. Estado de riesgo elevado. Existe un riesgo significativo de que ocurran atentados terroristas. No se conocen objetivos específicos.

■ **Azul**. Estado de cautela. Existe un riesgo general de que ocurran atentados terroristas. No se sabe de amenazas ni se conocen objetivos específicos.

■ **Verde**. Estado de riesgo bajo. Existe algún riesgo de que ocurran atentados terroristas.

Si ocurre un ataque terrorista

El gobierno de los Estados Unidos puede utilizar el Sistema de Alerta de Emergencia (*Emergency Alert System—EAS*) para difundir información en el país si surge una emergencia. El Presidente puede usar este sistema para dar información al público inmediatamente si surge una emergencia. Los gobiernos estatales y locales también pueden usar el sistema EAS para dar al público información sobre emergencias en sus áreas. Si surge una emergencia, escuche la radio o mire la televisión para obtener información sobre la manera de protegerse usted y de proteger a su familia.

⚡ CONSEJO PRÁCTICO: Si ocurre un atentado terrorista, siga las instrucciones dadas por las autoridades locales. Escuche la radio o mire la televisión para recibir estas instrucciones. Tenga en casa un televisor o radio operado con pilas en caso de que se interrumpa temporalmente el servicio eléctrico en su área.

No se asuste, tenga todo preparado

El DHS ayuda al pueblo de los Estados Unidos a enterarse de los peligros posibles, para que esté en condiciones de enfrentar un atentado terrorista o una catástrofe natural. El DHS ofrece información para ayudarle a proteger mejor a su familia, su casa y su comunidad contra el crimen, el terrorismo y las catástrofes de todo tipo. Llame al 1-800-BE-READY para obtener información impresa o visite el sitio en la web del DHS: http://www.ready.gov.

Usted puede obtener una copia de la publicación titulada en inglés *Are You Ready? An In-Depth Guide to Citizen Preparedness* (¿Está listo? Una guía completa para la preparación ciudadana). Esta guía contiene consejos prácticos que le ayudarán a proteger mejor a su familia, a su casa y a su comunidad. Usted la puede obtener en inglés de la Agencia Federal para el Manejo de Emergencias (*Federal Emergency Management Agency —FEMA*), visitando el siguiente sitio en la web: http://www.fema.gov/areyouready, o bien, llamando al 1-800-480-2520. También puede obtener materiales informativos en el sitio en la web de Citizen Corps: http://www.citizencorps.gov/ready/cc_pubs.shtm.

LO QUE USTED PUEDE HACER PARA AYUDAR

Las autoridades federales y estatales piden a todas las personas que viven en los Estados Unidos que ayuden a combatir el terrorismo. Esté pendiente de lo que ocurre a su alrededor, especialmente cuando viaja en autobuses, trenes y aviones. Si observa que alguien ha dejado atrás algo sospechoso, tal como un maletín, una mochila o una bolsa de papel, informe de inmediato al agente de policía más cercano o a otra persona de autoridad. ¡No abra el objeto sospechoso y no lo recoja!

Los Estados Unidos de América

Los Estados Unidos de América es una democracia representativa, y los ciudadanos desempeñan aquí una función muy importante en el gobierno del país. En esta sección, usted se enterará de las maneras en que los ciudadanos de los Estados Unidos contribuyen a la formación de su gobierno, de los inicios y el desarrollo de esta nación, y de

La función de los ciudadanos

En los Estados Unidos de América, el gobierno recibe del pueblo su autoridad para gobernar. Tenemos un gobierno del pueblo, por el pueblo y para el pueblo. Los ciudadanos forjan su gobierno y las políticas de su gobierno, por lo cual deben mantenerse informados de los asuntos públicos de importancia y participar en la vida de sus comunidades. Los ciudadanos votan en elecciones libres para escoger a los funcionarios importantes del gobierno, como, por ejemplo, el Presidente, el Vicepresidente, los Senadores y los miembros de la Cámara de Representantes. Los ciudadanos pueden comunicarse con sus funcionarios públicos elegidos para expresar sus opiniones, pedir información u obtener ayuda para asuntos específicos.

Nuestro gobierno se basa en ciertos valores fundamentales: libertad, oportunidad, igualdad y justicia. Los ciudadanos comparten estos valores y reciben de ellos una identidad cívica en común.

El gobierno protege los derechos de cada persona. Nuestra nación está integrada por personas de diferentes orígenes, culturas y religiones. Su sistema de gobierno y sus leyes están organizados para que ciudadanos de diferentes orígenes y diferentes credos tengan todos los mismos derechos. No se permite castigar ni perseguir a nadie por tener una opinión o creencia distinta a la de la mayoría.

UN GOBIERNO DEL PUEBLO, POR EL PUEBLO Y PARA EL PUEBLO: ¿QUÉ ES LA DEMOCRACIA?

La palabra "democracia" significa el "gobierno por el pueblo". La democracia puede asumir formas distintas en diferentes países. En nuestro país, la forma de gobierno es la de una "democracia representativa". Esto significa que el pueblo elige como funcionarios del gobierno a personas que representen sus opiniones e inquietudes.

Las etapas iniciales de la nación

Muchos de los primeros colonizadores que vinieron a los Estados Unidos eran personas que huían de tratamientos injustos en sus países de origen, especialmente de la persecución religiosa. Venían en busca de la libertad y de oportunidades nuevas. Actualmente, muchas personas vienen a los Estados Unidos por estas mismas razones.

Antes de llegar a ser una nación distinta e independiente, nuestro país estaba compuesto de 13 colonias gobernadas por la Gran Bretaña. Los habitantes de las colonias no tenían ni voz ni voto en las leyes que se aprobaban o en la manera en que eran gobernados. Objetaban, en particular, el "régimen tributario sin representación". Esto significa que el pueblo tenía la obligación de pagar impuestos pero no tenía el derecho de participar en las decisiones del gobierno.

En 1776, muchas personas consideraban que este sistema era injusto y que debían gobernarse a sí mismas. Los representantes de las colonias proclamaron entonces su Declaración de Independencia. Este documento histórico declaró que las colonias eran libres e independientes, y rompieron sus vínculos con la Gran Bretaña. Thomas Jefferson redactó la Declaración de Independencia y llegó después a ser el tercer Presidente de los Estados Unidos.

LO QUE USTED PUEDE HACER PARA AYUDAR

En su calidad de residente permanente, usted ha adquirido muchos derechos y libertades. A cambio de esto, ha adquirido algunas responsabilidades importantes. Una de ellas es la de participar en la vida de su comunidad. Debería también llegar a conocer la forma de la vida que tenemos, y nuestra historia y forma de gobierno. Usted podrá hacer esto tomando cursos de educación para adultos y leyendo su periódico local.

LOS ESTADOS UNIDOS Y LAS TRECE COLONIAS ORIGINALES

Las trece colonias se fundaron en el siguiente orden:

Virginia, Massachusetts, Maryland, Connecticut, Rhode Island, Delaware, New Hampshire, North Carolina, South Carolina, New Jersey, New York, Pennsylvania, y Georgia.

La Declaración de Independencia se firmó el 4 de julio de 1776. Es por eso que los norteamericanos celebramos nuestro Día de la Independencia el 4 de julio todos los años: Éste es el natalicio de nuestra nación.

Las colonias norteamericanas tuvieron que luchar por su libertad de la Gran Bretaña en la Guerra de la Revolución Americana. El General George Washington asumió el mando de las fuerzas armadas de la Revolución Americana. Por eso se le conoce como el "Padre de la Patria". Más tarde, él llegó a ser el primer Presidente de la nación.

Después de ganar su independencia, las colonias se convirtieron en estados. Cada estado tenía su propio gobierno. Los habitantes de estos estados querían crear un nuevo tipo de gobierno para unirse en una sola nación. Actualmente, este gobierno central, nuestro gobierno nacional, se conoce como "el gobierno federal". El territorio de nuestra nación consta ahora de 50 estados, el Distrito de Columbia (una región especial que es la sede del gobierno federal), los territorios de Guam, Samoa Americana y las Islas Vírgenes de los Estados Unidos, y los Estados Libres Associados de las Islas Marianas Septentrionales y de Puerto Rico.

"TODOS LOS HOMBRES SON CREADOS IGUALES"

Muchos norteamericanos se saben de memoria estas palabras de la Declaración de Independencia:

"Sostenemos que estas verdades son evidentes: que todos los hombres son creados iguales; que son dotados por su Creador de ciertos derechos inalienables; que entre éstos están la vida, la libertad y la búsqueda de la felicidad".

Esto quiere decir que todas las personas nacen con los mismos derechos básicos. Ningún gobierno crea estos derechos y ningún gobierno puede despojarnos de ellos.

La creación de "una unión más perfecta"

Durante varios años después de la Revolución Americana, los estados probaron maneras diferentes de unirse con un gobierno central, pero este gobierno era demasiado débil. Por lo tanto, representantes de cada estado se reunieron en Filadelfia, Pensilvania en 1787 para crear un nuevo gobierno centralizado más fuerte. Esta reunión fue la Convención Constitucional. Después de extensos debates, los líderes de los estados redactaron un documento que describía al nuevo gobierno. Este documento, la Constitución de los Estados Unidos, es uno de los documentos más importantes en la historia del país. La Constitución definió la organización del nuevo gobierno, la manera en que se elegirían sus funcionarios y los derechos que este gobierno central garantizaría a los ciudadanos.

Los miembros de la Convención Constitucional aprobaron la Constitución el 17 de septiembre de 1787. Después, fue necesario que la aprobaran todos los 13 estados. Algunas personas opinaron que la Constitución no ofrecía suficiente protección a los derechos individuales. Los

OLD GLORY — LA BANDERA DE LOS ESTADOS UNIDOS

La bandera de los Estados Unidos ha evolucionado a lo largo de nuestra historia. La bandera tiene ahora 13 bandas que representan las 13 colonias americanas originales. Tiene también 50 estrellas, una por cada estado. Nuestro himno nacional se compuso en torno a la bandera y se le puso como título *The Star-Spangled Banner*. La bandera recibe también el nombre de *Stars and Stripes*. La canción *Stars and Stripes Forever* es una de nuestras favoritas.

estados acordaron aprobar la Constitución si se le agregaba una lista de derechos individuales. Los estados aprobaron la Constitución en 1789. La lista de derechos individuales, titulada en inglés *Bill of Rights* (Carta de derechos), se agregó a la Constitución en 1791. Los cambios a la Constitución recibieron el nombre de "enmiendas". Las primeras 10 enmiendas de la Constitución se conocen como la Carta de derechos.

Nuestro país es una nación gobernada por leyes. Los funcionarios del gobierno toman decisiones basadas en esas leyes. La Constitución se reconoce como la "ley suprema del país" porque tanto cada ciudadano, inclusive todos los funcionarios del gobierno, como todas las leyes creadas, deben respetar los principios de la Constitución. Las leyes se aplican a todos por igual. El gobierno federal tiene poderes limitados. Los estados retienen los poderes que la Constitución no otorga directamente al gobierno federal.

WE, THE PEOPLE (NOSOTROS, EL PUEBLO)

"Nosotros, el pueblo" son las tres primeras palabras de la Constitución de los Estados Unidos de América. La Constitución comienza explicando su razón de ser y su propósito. El preámbulo de la Constitución declara:

"NOSOTROS, el Pueblo de los Estados Unidos, a fin de formar una unión más perfecta, establecer justicia, afirmar la tranquilidad interior, proveer a la defensa común, promover el bienestar general y asegurar para nosotros mismos y para nuestros descendientes los beneficios de la libertad, proclamamos e instituimos esta Constitución para los Estados Unidos de América".

La Carta de derechos: Las 10 primeras enmiendas
Los primeros cambios a la Constitución se realizaron para proteger a los ciudadanos individuales y para limitar el poder del gobierno. La Carta de derechos enumera libertades importantes prometidas al pueblo norteamericano. En la mayoría de los casos, estos derechos limitan los poderes que el gobierno tiene sobre las personas individuales. Estos derechos incluyen:

• La libertad de expresión. El gobierno no puede decir a las personas lo que pueden o no pueden decir. Las personas pueden decir lo que quieran acerca de los asuntos públicos sin temor a represalias.

• La libertad religiosa. El gobierno no puede imponer a las personas un culto religioso en particular. Las personas tienen la opción atenerse a un culto religioso o de no atenerse a ninguno, según su propia voluntad.

• La libertad de prensa. El gobierno no puede decidir lo que se imprimirá en los periódicos o se transmitirá por la radio y por la televisión.

CAMBIOS A LA CONSTITUCIÓN

Se considera que la Constitución de los Estados Unidos de America es un "documento vivo" porque el pueblo norteamericano, por medio de sus representantes estatales y nacionales, puede cambiarla cuando sea necesario. Estos cambios reciben el nombre de "enmiendas". Para introducir cambios a la Constitución, es necesario seguir un proceso largo y difícil. Por esta razón, la Constitución se ha cambiado solamente 27 veces a lo largo de nuestra historia. Aparte de la Carta de derechos, las enmiendas importantes incluyen la decimotercera, que prohíbe la esclavitud, y la decimocuarta, que garantiza a todos los ciudadanos una protección equitativa ante la ley. La decimonovena enmienda otorga a las mujeres el derecho al voto.

- La libertad de reunión en lugares públicos. El gobierno no puede impedir que las personas celebren reuniones legales públicas con muchos propósitos distintos.

- Libertad para portar armas. En la mayoría de los casos, el gobierno no puede prohibir que las personas posean armas.

- Libertad para protestar las acciones del gobierno y para exigir cambios. El gobierno no puede silenciar o castigar a las personas que se oponen a medidas del gobierno con las que están en desacuerdo.

La Carta de derechos también garantiza el "debido proceso legal". Este proceso es un conjunto de procedimientos jurídicos específicos que deben seguirse cuando se acusa a alguien de un delito. Ningún agente de policía o militar puede detener o registrar a una persona sin causa justificada, y no puede registrar las casas de las personas sin el permiso previo de un tribunal. A las personas acusadas de un delito se les garantiza un juicio sin demoras en presencia de un jurado integrado por sus iguales. También se les garantiza representación legal y el derecho de llamar a testigos para que hablen en su favor. Las penas crueles e inusuales también están prohibidas.

El funcionamiento del gobierno federal

Las 13 colonias originales habían estado bajo el poder absoluto del rey de la Gran Bretaña. Al crear su nuevo gobierno central, los norteamericanos decidieron evitar la concentración del poder en un solo funcionario o cargo del gobierno. La Constitución creó tres poderes en el gobierno federal, con el propósito de establecer un equilibrio entre ellos. Los tres poderes tienen responsabilidades diferentes. Este sistema de equilibrio de poderes se llama en inglés *checks and balances*. Ningún sector del gobierno puede hacerse demasiado poderoso porque su autoridad estará equilibrada por la de los otros dos sectores.

EL GOBIERNO FEDERAL

Los tres poderes del gobierno federal son:

El poder legislativo:
El Congreso de los Estados Unidos
y sus dependencias

El poder ejecutivo:
El Presidente, el Vicepresidente y los
departamentos del gobierno federal

El poder judicial:
La Corte Suprema de Justicia y las
cortes federales en todo el país

El poder legislativo: El Congreso

Los ciudadanos norteamericanos votan en elecciones libres para escoger a sus representantes ante el Congreso de los Estados Unidos. El Congreso tiene la responsabilidad de crear las leyes de la nación. El Congreso está integrado por la Cámara de Representantes y el Senado.

La Cámara de Representantes

Los ciudadanos en todos los estados votan para elegir a los miembros de la Cámara de Representantes. Hay 435 miembros de la Cámara de Representantes. El número de representantes de cada estado depende del número de habitantes en ese estado. Cada estado está dividido en distritos. Los habitantes de cada distrito votan por alguien que represente a su distrito en la Cámara de Representantes. Los representantes ocupan su cargo durante dos años. Después de este período, los ciudadanos tienen la oportunidad de votar por los mismos representantes o de elegir representantes diferentes. Los representantes pueden formar parte del Congreso durante un período indefinido.

En la Cámara de Representantes hay cinco representantes adicionales: el del Distrito de Columbia, el Estado Libre Asociado de Puerto Rico, y los territorios de Guam, Samoa Americana y las Islas Vírgenes de los Estados Unidos. Ellos pueden participar en los debates pero no en las votaciones formales de toda la Cámara.

LOS FUNCIONARIOS DEL GOBIERNO ESTÁN AL SERVICIO DEL PUEBLO

En los Estados Unidos, cualquier persona puede llamar a su representante y a sus senadores electos. Puede dirigir su llamada al 202-224-3121 y pedir comunicación con las oficinas de su representante o sus senadores. Puede también escribirles para hacer preguntas o expresar su opinión acerca de las propuestas legislativas y del gobierno federal, o si tiene algún problema con sus prestaciones federales y necesita ayuda para resolverlo.

Para escribir a su representante:
The Honorable (el nombre completo de su representante)
U.S. House of Representatives
Washington, DC 20515

Para escribir a sus senadores:
The Honorable (el nombre completo del senador)
U.S. Senate
Washington, DC 20510

Usted puede visitar los sitios en la web del Congreso para enterarse de las actividades actuales de la Cámara de Representantes y del Senado, y para recibir información sobre su propio representante o sus senadores, inclusive las direcciones de sus sitios en la web.

• Para la Cámara de Representantes, visite este sitio: http://www.house.gov/.

• Para el Senado, visite este sitio: http://www.senate.gov/.

La Cámara de Representantes prepara los proyectos de ley, pero tiene además responsabilidades especiales. Solamente la Cámara de Representantes puede:

- Proponer leyes sobre impuestos

- Decidir si el Senado debe enjuiciar a un funcionario del gobierno acusado de un delito contra el país. Este proceso se conoce en inglés como *impeachment* (impugnación).

El Senado
El Senado está integrado por 100 senadores. Los ciudadanos en cada estado votan para elegir a dos senadores para que los representen ante el Congreso. Los senadores ocupan su cargo por seis años. Después de este período, los ciudadanos tienen la oportunidad de votar por los mismos senadores o de elegir otros senadores. Los senadores pueden formar parte del Congreso por un período indefinido. Los senadores preparan proyectos de ley, pero tienen además otras responsabilidades especiales.

Solamente el Senado puede:

- Aprobar o rechazar los acuerdos que el Presidente celebre con otro países o con organizaciones de países. Estos acuerdos reciben el nombre de "tratados".

LO QUE USTED PUEDE HACER PARA AYUDAR

Obtenga información acerca de su representante y sus senadores, y sobre las gestiones que realizan en representación suya ante el Congreso. Esto lo puede hacer leyendo artículos en su periódico local y consultando los sitios en la web del Congreso. Los senadores y representantes tienen oficinas locales en sus comunidades, y usted las puede localizar en la guía telefónica. Si va de visita a Washington, DC, puede participar gratis en una gira del Capitolio, donde el Congreso se reúne en sesión.

Se puede obtener información también sobre el Presidente visitando el sitio en la web de la Casa Blanca, la residencia del Presidente: http://www.whitehouse.gov/ .

- Aprobar o rechazar el nombramiento de cualquier persona seleccionada por el Presidente para ocupar un cargo de alto nivel, tales como los magistrados de la Corte Suprema o los funcionarios que dirigen departamentos federales, como, por ejemplo, el Departamento de Educación o el Departamento de Salud y Servicios Humanos.

- Enjuiciar a un funcionario del gobierno que cometa algún delito contra los Estados Unidos de América.

El poder ejecutivo: El Presidente

El Presidente es el líder del poder ejecutivo y tiene la responsabilidad de defender y hacer cumplir las leyes del país. El Presidente tiene muchas otras responsabilidades, como, por ejemplo, establecer políticas nacionales, someter leyes a la consideración del Congreso y proponer el nombramiento de funcionarios de alto nivel y de miembros de la Corte Suprema de Justicia. El Presidente es también el líder de las fuerzas armadas de los Estados Unidos y se le puede llamar Comandante en Jefe.

Cada cuatro años, los ciudadanos votan en elecciones para escoger al Presidente y al Vicepresidente. El Presidente puede ocupar el cargo durante solamente dos períodos de cuatro años. El Vicepresidente pasa a ocupar el cargo de Presidente si el Presidente titular queda incapacitado o fallece.

El poder judicial: La Corte Suprema de Justicia

La Constitución creó la Corte Suprema de Justicia, el tribunal de más alto rango en el país. A los nueve jueces que integran la Corte Suprema se les llama "magistrados". El Presidente escoge a los miembros de la Corte Suprema, quienes pueden desempeñar su cargo por un tiempo indefinido mientras estén capacitados para hacerlo. La Corte Suprema puede invalidar leyes tanto estatales como federales si crean conflictos con la Constitución. En el poder judicial hay otras cortes federales, como, por ejemplo, las Cortes Distritoriales (*District Courts*) y los Tribunales de Apelación de los circuitos judiciales (*Circuit Courts of Appeals*).

Para obtener más información sobre la Corte Suprema de Justicia, consulte el siguiente sitio en la web: http://www.supremecourtus.gov.

El gobierno estatal y el gobierno local

Además del gobierno federal, cada estado tiene su propia constitución y su propio sistema de gobierno. El sistema estatal incluye también los tres poderes: el legislativo, el ejecutivo y el judicial.

El líder del poder ejecutivo estatal es el Gobernador. Los ciudadanos en cada estado votan en elecciones para escoger a su gobernador y a sus representantes ante la legislatura estatal. La legislatura crea las leyes de cada estado.

Estas leyes no pueden crear conflictos con la Constitución nacional, y el sistema judicial de cada estado hace cumplir las leyes de ese estado.

En cada estado hay también gobiernos locales. Éstos pueden ser gobiernos municipales o del condado y, en algunos casos, existen ambos. Los gobiernos locales prestan y supervisan muchos servicios en las comunidades, como, por ejemplo, los de las escuelas públicas y bibliotecas, los de los departamentos de policía y de bomberos, y los servicios públicos de electricidad, agua y gas. Generalmente, los ciudadanos en las comunidades eligen a los funcionarios del gobierno local por votación, pero algunos de estos funcionarios obtienen sus cargos por nombramiento. Los gobiernos locales son de varios tipos. En algunos, los líderes son los alcaldes; otros funcionan por medio de concejos municipales o del condado. En las comunidades hay también juntas escolares integradas por ciudadanos elegidos o nombrados para supervisar la operación de las escuelas públicas.

LO QUE USTED PUEDE HACER PARA AYUDAR

Muchas de las sesiones del gobierno local están abiertas al público. Muchas se celebran de noche para facilitar la asistencia del público. Usted puede, por ejemplo, asistir a una sesión del concejo municipal o a una reunión de la junta escolar para enterarse mejor de lo que sucede en su comunidad. Las horas y los lugares de estas sesiones se anuncian generalmente en los periódicos locales. Esta información posiblemente se incluye también en el sitio del gobierno local en la web. Algunas de las reuniones del gobierno se transmiten por cable en las estaciones de televisión locales.

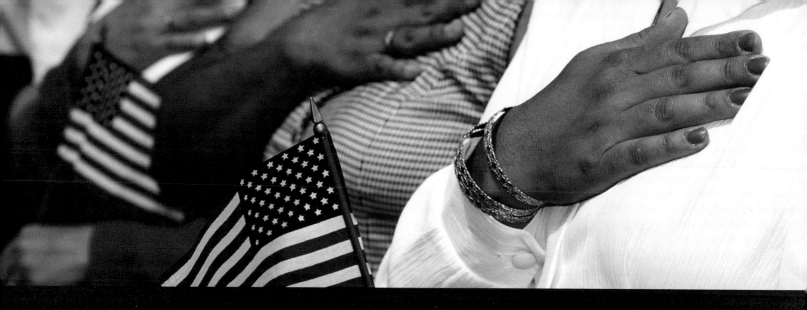

Cómo obtener la ciudadanía

Las personas con residencia permanente en los Estados Unidos de América adquieren derechos y privilegios nuevos al obtener la ciudadanía. La ciudadanía crea también responsabilidades nuevas. En esta sección se explican algunas de las razones por las que le conviene considerar hacerse ciudadano o ciudadana de los Estados Unidos y se describen los pasos que debe seguir para obtener la ciudadanía.

Toda persona que desee obtener la ciudadanía deberá estar dispuesta a jurar su lealtad a los Estados Unidos de América. Deberá renunciar a su afiliación a cualquier otro país. Debe apoyar y defender la Constitución de nuestro país. Al obtener la ciudadanía, usted deberá aceptar todas las responsabilidades correspondientes. A cambio de esto, adquirirá ciertos derechos y privilegios otorgados por la ciudadanía.

Razones para adquirir la ciudadanía

Los residentes permanentes gozan de la mayoría de los derechos que tienen los ciudadanos del país. Pero existen muchas razones importantes por las cuales le conviene a usted considerar la adquisición de su ciudadanía norteamericana. Entre estas razones están las siguientes:

- **Demostrar su patriotismo.** La adquisición de la ciudadanía es una manera de demostrar su dedicación a su nuevo país.

- **El derecho al voto.** Solamente los ciudadanos pueden votar en las elecciones federales. En la mayoría de los estados también se restringe el derecho al voto, en la mayor parte de las elecciones, a ciudadanos de los EE. UU.

- **Servir como miembro de un jurado.** Solamente los ciudadanos pueden participar como miembros de jurados

en los tribunales. En la mayoría de los estados la participación como miembros de jurados también se restringe a ciudadanos de los EE. UU. Ésta es una responsabilidad importante de los ciudadanos.

- **Viajar con pasaporte norteamericano.** Su pasaporte de los Estados Unidos de América le permitirá recibir ayuda de nuestro gobierno en el extranjero si la necesita.

- **Traer a familiares a los Estados Unidos.** Los ciudadanos generalmente reciben prioridad cuando solicitan traer a sus familiares a este país para que residan aquí permanentemente.

- **Obtener la ciudadanía para hijos nacidos en el extranjero.** En la mayoría de los casos, el hijo o la hija de ciudadanos que nazca en el extranjero adquirirá automáticamente la ciudadanía norteamericana.

- **Elegibilidad para ocupar cargos del gobierno federal.** Para ciertos empleos en dependencias del gobierno, se requiere la ciudadanía.

- **Capacidad para ocupar cargos electorales.** Solamente a los ciudadanos se les permite presentar su candidatura para un cargo federal (en el Senado o la Cámara de Representantes de los EE. UU.) y para la mayoría de los cargos estatales y locales.

- **Mantener la residencia.** A las personas con ciudadanía no se les puede negar el derecho de permanecer en el país.

- **Elegibilidad para obtener subvenciones y becas federales.** Muchas subvenciones, inclusive becas universitarias y otros fondos donados por el gobierno para fines específicos, se otorgan solamente a personas con ciudadanía.

- **Obtener prestaciones del gobierno.** Algunas prestaciones del gobierno se otorgan solamente a las personas con ciudadanía.

El proceso de la naturalización

Al proceso para obtener la ciudadanía se le llama "naturalización". Usted puede iniciar este proceso cuando haya cumplido con los siguientes requisitos:

Haber vivido en nuestro país como residente permanente durante por lo menos cinco años (o durante tres años con su cónyuge, si su cónyuge es ciudadano o ciudadana)

Haber permanecido en los Estados Unidos por lo menos 30 meses durante los últimos cinco años (o 18 meses durante los últimos tres años, si su cónyuge es ciudadano o ciudadana)

Haber vivido en un estado o distrito del USCIS durante por lo menos tres meses antes de presentar la solicitud.

Es posible que usted tenga que cumplir con reglamentos diferentes si:

- Usted, o su padre o madre, su cónyuge o su hijo difunto ha sido miembro de las Fuerzas Armadas de los Estados Unidos.

- Usted nació en los Estados Unidos.

- Obtuvo la residencia permanente por medio de la ley de amnistía de 1986.

- Es una persona refugiada o asilada.

- Su cónyuge tiene la ciudadanía norteamericana y presta servicios normalmente en el extranjero.

- Usted perdió su ciudadanía norteamericana conforme a una ley previa porque contrajo matrimonio con una persona extranjera.

- Tiene un empleo con ciertos tipos de empresas u organizaciones sin fines de lucro.

CÓMO OBTENER INFORMACIÓN ACERCA DE LA NATURALIZACIÓN

Las personas de 18 años de edad o más que desean obtener la ciudadanía deben solicitar el Formulario M-476, titulado en inglés *A Guide to Naturalization* (Guía para la naturalización). Esta guía contiene información importante acerca de los requisitos para la naturalización y enumera los formularios necesarios para iniciar este proceso.

Para averiguar si usted cumple con los requisitos para solicitar la naturalización, consulte el Formulario M-480, titulado en inglés *Naturalization Eligibility Worksheet* (Hoja de trabajo para determinar la elegibilidad para la naturalización). Esta hoja se incluye al final de *A Guide to Naturalization*. Utilice el Formulario N-400 para solicitar la naturalización. Es necesario pagar un cargo al presentar el Formulario N-400.

Para obtener los formularios M-476, M-480 y N-400, llame a la Línea de Formularios del USCIS (*USCIS Forms Line*), al 1-800-870-3676 u obténgalos en el siguiente sitio en la web: http://www.uscis.gov.

Consulte la publicación titulada en inglés *A Guide to Naturalization* para obtener más información. Es posible que le convenga consultar también a un abogado de inmigración u otro profesional competente.

Requisitos para la naturalización
Los requisitos generales para la naturalización son:

1. Haber vivido en los Estados Unidos como residente permanente durante un período específico (*Continuous Residence*)

2. Haber permanecido en este país durante períodos específicos (*Physical Presence*)

3. Haber pasado un tiempo específico en su estado o distrito del USCIS (*Time in State or USCIS District*)

4. Haber mantenido una conducta legal y aceptable (*Good Moral Character*)

5. Dominar el idioma inglés y tener información sobre la historia y el gobierno de los Estados Unidos de América (*English and Civics*)

CÓMO MANTENER SU RESIDENCIA CONTINUA (*CONTINUOUS RESIDENCE*) COMO RESIDENTE PERMANENTE

Si usted se ausenta de los Estados Unidos por:	Su residencia:	Para mantener su condición, usted deberá:
Más de seis meses	La puede interrumpir	Comprobar que continuó viviendo, trabajando y/o manteniendo vínculos con los Estados Unidos (p.ej., siguió pagando impuestos) mientras estuvo ausente.
Más de un año	La interrumpió	En la mayoría de los casos, es necesario reiniciar el período de residencia continua. Solicite un permiso de reingreso antes de salir si piensa regresar al país como residente permanente.

6. Comprender y aceptar los principios de la Constitución de nuestro país (*Attachment to the Constitution*).

1. Residencia continua (*Continuous Residence*)

"Residencia continua" significa que usted debe haber vivido en este país como residente permanente durante cierto período. La mayoría de las personas deben mantener su residencia continua como residentes permanentes durante cinco años (o durante tres años, si su cónyuge es ciudadano o ciudadana) antes de poder iniciar su proceso de naturalización. En el caso de personas refugiadas, esto significa un período de cinco años contados a partir de la fecha de su llegada a este país —por lo general, la fecha en que obtuvieron la residencia permanente. Para las personas que han recibido asilo en los Estados Unidos, este período se inicia un año antes de la fecha en que obtuvieron la residencia permanente. El período de cinco años se calcula a partir de la fecha que aparece en su Tarjeta de residente permanente. Si usted se ausenta de los Estados Unidos durante un

---

CÓMO PRESERVAR SU RESIDENCIA PARA FINES DE NATURALIZACIÓN: EXENCIONES POR AUSENCIAS DE UN AÑO

Si usted trabaja para el gobierno de los Estados Unidos, para una institución de investigación de los Estados Unidos reconocida, o para ciertas empresas norteamericanas, o si es miembro del clero que trabaja en el extranjero, es posible que pueda mantener su residencia continua si:

1. Ha estado presente en los Estados Unidos y ha permanecido en el país sin salir de él durante por lo menos un año después de recibir su residencia permanente.

2. Ha presentado el Formulario N-470, titulado en inglés *Application to Preserve Residence for Naturalization Purposes* (Solicitud para mantener la residencia para fines de naturalización), antes de ausentarse del país durante un año. Es necesario pagar un cargo al presentar el Formulario N-470.

Para obtener más información, llame a la Línea de Formularios del USCIS, al 1-800-870-3676, y pida el Formulario N-470, *Application to Preserve Residence for Naturalization Purposes*. También puede obtener este formulario visitando el sitio en la web del USCIS: http://www.uscis.gov.

---

período largo, generalmente seis meses o más, es posible que "interrumpa" la continuidad de su residencia.

Si usted se ausenta de los Estados Unidos durante un año o más, posiblemente podrá volver al país si tiene un permiso de reingreso. Debería solicitar este permiso antes de salir del país. Vea la página 10 para obtener información sobre la manera de solicitarlo. En la mayoría de los casos y para los fines de calcular la duración de su residencia continua, no se tomará en cuenta ninguna parte de su estadía en los Estados Unidos antes de salir del país. Esto significa que su residencia continua deberá iniciarse nuevamente después de su regreso a los Estados Unidos, y

es posible que tenga que esperar hasta cuatro años y un día antes de poder solicitar la naturalización.

▶ CONSEJO PRÁCTICO: El permiso de reingreso (Formulario I-131) no equivale a la Solicitud para mantener la residencia para fines de naturalización (*Application to Preserve Residence for Naturalization Purposes*) (Formulario N-470). Usted podrá presentar un permiso de reingreso en vez de su Tarjeta de residente permanente (si se ha ausentado durante menos de 12 meses), o en vez de una visa (si ha estado ausente por más de 12 meses), al regresar a los Estados Unidos después de una ausencia temporal.

EXENCIONES PARA EL PERSONAL MILITAR

Si usted es miembro activo de las Fuerzas Armadas de los Estados Unidos, o si fue dado de baja de ellas recientemente, es posible que los requisitos de su residencia continua y de su presencia física en el país no se apliquen en su caso. El folleto M-599, titulado en inglés *Naturalization Information for Military Personnel* (Información sobre la naturalización para personal militar), contiene más información sobre este asunto. Debe haber en todas las bases militares personal encargado de manejar solicitudes de naturalización y certificarlas mediante un Formulario N-426, titulada en inglés *Request for Certification of Military or Naval Service* (Solicitud de certificación de servicio militar o naval). Usted deberá incluir este Formulario N-426 al presentar sus formularios de solicitud. Para obtener los formularios que necesita, llame al teléfono para llamadas gratis de Ayuda Militar del USCIS, al 1-877-CIS-4MIL (1-877-247-4645). Podrá encontrar más información en el siguiente sitio en la web: http://www.uscis.gov/military, o bien, llamando al Centro de Servicios al Cliente, al 1-800-375-5283.

Tenga presente que, mientras su solicitud de naturalización esté pendiente, su ausencias del país podrían causarle problemas de elegibilidad, especialmente si acepta empleo en el extranjero.

2. **Presencia física en los Estados Unidos** (*Physical presence*)
Su presencia física en el país significa que no se ha ausentado realmente del país. Si usted es residente permanente y tiene por lo menos 18 años de edad, antes de poder presentar su solicitud de naturalización, deberá haber permanecido en los Estados Unidos por lo menos 30 meses durante los últimos cinco años (o 18 meses durante los últimos tres años, si su cónyuge es ciudadano o ciudadana).

PRESENCIA FÍSICA

P: ¿Cuál es la diferencia entre la "presencia física" y la "residencia continua"?

A: La "presencia física" es el número total de días que ha estado en los Estados Unidos y no incluye el tiempo que haya estado ausente del país. Cada día que usted esté ausente del país se restará del número total de sus días de presencia física. Si se ha ausentado del país durante períodos prolongados o si hace muchos viajes cortos fuera de los Estados Unidos, es posible que usted no cumpla con el requisito de presencia física. Para calcular su tiempo de presencia física, sume todos los días que ha permanecido en el país y luego reste de esta suma los días pasados en todos los viajes que haya hecho fuera de los Estados Unidos. Esto incluye viajes cortos al Canadá y a México. Por ejemplo, si viaja a México durante un fin de semana, deberá incluir este viaje al calcular los días que pasó fuera del país.

La "residencia continua" es el número total de días que usted ha vivido como residente permanente en los Estados Unidos antes de presentar su solicitud para la naturalización. Si ha estado demasiado tiempo fuera del país durante un solo viaje, esto podría interrumpir el tiempo de su "residencia continua".

3. Tiempo como residente en un estado o distrito del

USCIS (*Time in State or USCIS District*) La mayoría de las personas deben haber vivido durante por lo menos tres meses en el estado o distrito USCIS donde solicitan la naturalización. Los estudiantes deben solicitar la naturalización en el lugar donde cursan estudios o donde vive su familia (si dependen de sus padres para su manutención).

4. Buen carácter moral (*Good Moral Character*)

Para cumplir con los requisitos para la naturalización, la persona debe tener un buen carácter moral. Se considera que una persona no tiene un buen carácter moral si ha cometido ciertos tipos de delitos durante los cinco años antes de solicitar la naturalización, o si ha mentido durante su entrevista para obtener la naturalización.

TIPOS DE CONDUCTA QUE PODRÍAN INDICAR LA FALTA DE UN BUEN CARÁCTER MORAL

- Conducir un automóvil en estado de intoxicación alcohólica o emborracharse con gran frecuencia
- Hacer apuestas ilegales
- Dedicarse a la prostitución
- Mentir para obtener beneficios de inmigración
- Dejar de pagar la manutención de un hijo o hija menor de edad, ordenada por un tribunal
- Cometer actos terroristas
- Maltratar a alguien por motivo de su raza, religión, origen nacional, opiniones políticas o grupo social

Si usted comete ciertos delitos específicos, no podrá adquirir nunca la ciudadanía norteamericana y lo más probable es que se le expulsará del país. A estos delitos se les llama "impedimentos permanentes" para la naturalización. Los ejemplos de impedimentos permanentes para la naturalización incluyen los siguientes delitos graves "con circunstancias agravantes" (cometidos el 29 de noviembre de 1990 o después): asesinato, violación sexual, abuso sexual de un niño o niña, agresión violenta, traición y tráfico ilegal de drogas, armas de fuego o personas. En la mayoría de los casos, a personas exoneradas del servicio militar o dadas de baja de las Fuerzas Armadas de los Estados Unidos porque eran inmigrantes, y a inmigrantes que desertaron de las Fuerzas Armadas de nuestro país no se les permite adquirir la ciudadanía norteamericana.

La ciudadanía se puede negar también a personas cuya conducta compruebe de otra manera que carecen de un buen carácter moral.

Hay otros delitos que constituyen impedimentos temporales para la naturalización. Estos impedimentos temporales generalmente obstruyen el proceso de la naturalización por hasta cinco años después de la fecha en que se cometió el delito. Entre ellos se encuentran los siguientes:

• Cualquier delito contra una persona con la intención de hacerle daño

• Cualquier delito contra la propiedad o el gobierno que esté relacionado con un fraude

• Dos o más delitos con sentencias penales combinadas de cinco años o más

• La violación de las leyes contra las sustancias controladas (p.ej., el uso o la venta de drogas ilícitas)

• La detención en una cárcel o prisión por más de 180 días durante los últimos cinco años.

Declare cualquier delito que usted haya cometido al hacer su solicitud para la naturalización. Esto incluye delitos expurgados de su historial policivo y delitos que usted cometió antes de cumplir 18 años de edad. Si no declara estos delitos ante el USCIS, se le podría negar la ciudadanía y le podrían enjuiciar.

5. El dominio del inglés y la educación cívica (English and Civics)

En general, usted debe demostrar su capacidad para leer, escribir y hablar un inglés básico. También debe tener un conocimiento básico de la historia y el gobierno de los Estados Unidos (educación cívica). Necesitará aprobar un examen de inglés y un examen de educación cívica para demostrar sus conocimientos.

Muchas escuelas y organizaciones comunitarias ayudan a los inmigrantes a prepararse para presentar exámenes de ciudadanía. La publicación titulada *A Guide to Naturalization* contiene ejemplos de los tipos de preguntas incluidas en el examen. La Oficina de Ciudadanía (*Office of Citizenship*) del USCIS ofrece materiales educativos, tales como tarjetas (*Civics Flash Cards*) y *Learn About the United States: Quick Civics Lessons*, para ayudarle a estudiar. Estos materiales pueden obtenerse gratis en el sitio de la web: http://www.uscis.gov.

6. Adhesión a la Constitución (*Attachment to the Constitution*)

Las personas que solicitan la ciudadanía deben estar dispuestas a apoyar y defender a los Estados Unidos de América y a su Constitución. Usted declarará su "adhesión" o lealtad al país y a la Constitución al hacer el Juramento de fidelidad a la nación (*Oath of Allegiance*). Obtendrá la ciudadanía de los Estados Unidos de América al hacer este juramento.

EXENCIONES A LOS REQUISITOS DE INGLÉS Y DE EDUCACIÓN CÍVICA

Algunas personas que solicitan la naturalización deben cumplir con requisitos diferentes para los exámenes antes mencionados debido a su edad y al tiempo que tienen de residir en los Estados Unidos.

Si usted tiene	Ha sido residente permanente de los Estados Unidos durante	No es necesario que presente el	Debe presentar el
50 años de edad o más	20 años	examen de inglés	examen de cívica en su idioma
55 años de edad o más	15 años	examen de inglés	examen de cívica en su idioma
65 años de edad o más	20 años	examen de inglés	examen simplificado de cívica en su idioma

Si usted no tiene que presentar el examen de inglés, debe traer su propio intérprete para presentar el examen de cívica. Bajo ciertas circunstancias, si es imposible que usted se presente para una entrevista debido a alguna discapacidad, podrán hacerse arreglos especiales. Para obtener más información, llame a la línea para obtener formularios del USCIS, al 1-800-870-3676, y pida el Formulario N-648, o bien, obtenga una copia del sitio en la web del USCIS: http://www.uscis.gov.

Las personas que demuestren una discapacidad física o de desarrollo mental que las incapacita para comprender el significado del juramento no necesitan hacer el Juramento de fidelidad.

Si usted tiene una solicitud de naturalización pendiente y se muda, deberá notificar al USCIS su nueva dirección. Podrá llamar al 1-800-375-5283 para indicar su nueva dirección. También deberá presentar el Formulario AR-11 ante el DHS. Usted podrá cambiar su dirección en línea, utilizando un Formulario AR-11 electrónico, en el siguiente sitio de la web: http://www.uscis.gov. Vea la página 12 para obtener instrucciones.

Ceremonias de naturalización

Si el USCIS aprueba su solicitud de naturalización, usted deberá asistir a una ceremonia y hacer el Juramento de fidelidad a la nación. El USCIS le enviará el Formulario N-445, titulado en inglés *Notice of Naturalization Oath Ceremony* (Notificación de la

ceremonia de juramento de naturalización), para comunicarle la hora y la fecha en que celebrará su ceremonia de naturalización. Usted deberá llenar este formulario y llevarlo a la ceremonia.

Si usted no puede asistir a su ceremonia, podrá volver a programarla. Para ello, deberá devolver el Formulario N-445 a la oficina local del USCIS, junto con una carta en la que explique el motivo por el cual no podrá asistir a la ceremonia.

Al presentarse a la ceremonia de juramentación, deberá entregar su Tarjeta de residente permanente a los funcionarios del USCIS. Ya no tendrá necesidad de esta tarjeta porque durante la ceremonia se le entregará su Certificado de naturalización.

Usted no adquirirá la ciudadanía antes de hacer el Juramento de fidelidad a la nación. Un funcionario leerá el juramento parte por parte, y le pedirá que repita las palabras del juramento. Después de hacerlo, usted recibirá su Certificado de naturalización. Este documento comprueba que usted ha obtenido la ciudadanía de los Estados Unidos de América. Usted no es ciudadano o ciudadana hasta después de haber realizado el Juramento de fidelidad en una ceremonia formal de naturalización.

La ceremonia del Juramento de fidelidad a la nación es un evento público. Muchas comunidades celebran todos los años ceremonias especiales el 4 de julio, el Día de la Independencia. Averigüe si en su comunidad se organiza un evento especial para la ceremonia de ciudadanía el 4 de julio y pregunte cómo usted puede participar. Muchas personas asisten a la ceremonia con sus familias y organizan fiestas después para celebrar la ocasión.

LOS ESTADOS UNIDOS DE AMÉRICA EN LA ACTUALIDAD*

*Los Estados Unidos incluye también los territorios de Guam, Samoa Americana, las Islas Vírgenes de los Estados Unidos, y los Estados Libres Asociados de las Islas Marianas Septentrionales y de Puerto Rico, los cuales no aparecen en este mapa.

LOS DÍAS FERIADOS NACIONALES

El gobierno federal observa oficialmente los siguientes días feriados. En estos días, la mayoría de las oficinas federales están cerradas. Si un día feriado cae en un día sábado, se observa el viernes anterior. Si un día feriado cae en un día domingo, se observa el lunes siguiente. Muchas empresas conceden a sus empleados el día libre en estos días.

Día de Año Nuevo	1ro de enero
Natalicio de Martin Luther King Junior	3er lunes de enero
Día de los Presidentes	3er lunes de febrero
Día del Soldado Caído	Último lunes de mayo
Día de la Independencia	4 de julio
Día del Trabajo	1er lunes de septiembre
Día de la Raza (Columbus Day)	2do lunes de octubre
Día de los Veteranos	11 de noviembre
Día de Acción de Gracias (Thanksgiving)	4to jueves de noviembre
Día de Navidad	25 de diciembre

CRÉDITOS FOTOGRÁFICOS

Página 11, fotografía a la derecha cortesía de http://www.goarmy.com

Página 40, recuadro del texto, fotografía superior por Gerald L. Nino

Página 85, a la derecha arriba, fotografía de la oficina del Presidente (Oval Office) por Paul Morse

Páginas 1, 14, 29, 66, 68 y 70 (columna izquierda), fotografías por John Vavricka

En camino hacia el futuro

Esperamos que esta guía le sea útil. Su propósito es ayudarle a dar inicio a su vida en los Estados Unidos, y a comprender sus derechos y responsabilidades como residente permanente. Esta guía le dará información sobre las maneras en que usted puede tomar parte en la vida de su comunidad. Le indicará también algunas de las cosas que debe saber si desea naturalizarse como ciudadano o ciudadana. Usted encontrará otros materiales que le ayudarán a aprender más si visita el sitio en la web del USCIS: http://www.uscis.gov.

Ahora que ha llegado, usted tendrá la oportunidad de explorar todo el potencial de la vida en los Estados Unidos. Le damos la bienvenida como residente permanente y le deseamos una vida colmada de éxitos en este país.